国家文物局考古研究中心·考古报告系列-8

大元遗帆
——漳州圣杯屿沉船调查与保护
（2010—2020）

国家文物局考古研究中心
福建省考古研究院　编著
漳州市文物保护中心
漳州市博物馆

梁国庆　阮永好
　　　　　　　　主编
李海梅　陈浩

科学出版社
北京

内 容 简 介

本书是福建漳州圣杯屿元代沉船遗址 2010—2020 年水下考古调查与保护成果报告。书中介绍了圣杯屿及其周边海域的自然地理环境、历史沿革，2014、2016 年两次水下考古调查工作概况、遗址状况和出水文物，2011、2020 年两次破获的圣杯屿沉船遗址盗捞案件缴获文物的情况，并通过将圣杯屿沉船遗址出水文物与龙泉窑考古发掘及海外沉船出水的同类器物进行比较，对漳州圣杯屿元代沉船遗址的性质、年代、航线等相关问题进行了初步分析，同时，呼吁社会各界积极参与水下文化遗产保护行动。本书对研究中国水下考古、海上丝绸之路考古、古代造船史、海外交通史、贸易陶瓷史以及元代龙泉窑瓷器具有重要的参考价值。

本书适合文物考古、历史学、海上丝绸之路研究等方面的科研工作者、高等院校相关专业师生阅读参考。

图书在版编目（CIP）数据

大元遗帆：漳州圣杯屿沉船调查与保护：2010—2020 / 国家文物局考古研究中心等编著；梁国庆等主编. — 北京：科学出版社，2023.12
（国家文物局考古研究中心·考古报告系列；8）
ISBN 978-7-03-077098-1

Ⅰ.①大… Ⅱ.①国… ②梁… Ⅲ.①沉船－考古发掘－发掘报告－漳州－元代 Ⅳ.①K875.35

中国国家版本馆CIP数据核字（2023）第219854号

责任编辑：雷　英／责任校对：邹慧卿
责任印制：肖　兴／书籍设计：北京美光设计制版有限公司

科学出版社 出版
北京东黄城根北街16号
邮政编码：100717
http://www.sciencep.com

北京汇瑞嘉合文化发展有限公司 印刷
科学出版社发行　各地新华书店经销

*

2023年12月第　一　版　开本：889×1194　1/16
2023年12月第一次印刷　印张：13 3/4
字数：400 000

定价：280.00元
（如有印装质量问题，我社负责调换）

序 言

漳州圣杯屿元代沉船的线索源于2010年11月漳州市文物市场上突然出现一批宋元时期的水下文物，这引起了漳州市文物部门的高度重视。2011年4月，漳州市文物部门从渔民手中获取了相对准确的沉船位置，同年7月，漳州市文物部门与市公安边防支队联合破获了一起水下沉船盗捞案件，缴获文物722件，全部为完整器，其中三级文物112件。2013年福建博物院文物考古研究所对这批文物进行了初步整理，对沉船的性质、年代有了初步认识。

漳州水下沉船案件的破获引起国家文物局高度关注，公安部、国家文物局派出专题调查组赴现场调研，国家文物局水下文化遗产保护中心将其列入2013年度水下调查重点区域。为摸清沉船遗址的保存状况，2014年，福建博物院文物考古研究所联合漳州市文物保护管理所组建漳州海域水下考古专题调查队，经过11天的潜水调查，于10月13日首次发现了沉船船体，确认了这一珍贵的水下文化遗产。2016年国家文物局水下文化遗产保护中心联合漳州市文物保护管理所对圣杯屿周边海域开展了专项水下文化遗产调查，对漳州圣杯屿沉船遗址水下文物分布情况有了进一步的了解。

2020年8月，漳州市文物部门在与漳浦刑侦部门工作对接中，特别提醒了漳州圣杯屿沉船遗址的情况，请刑侦部门予以特别关注。2020年11月，漳州市海警局在古雷新港城、漳浦刑侦大队在漳浦六鳌码头分别破获了两起水下盗捞案件，共追缴水下文物922件，其中三级文物77件，除2件标本外皆为完整器，同时抓获犯罪嫌疑人19名。圣杯屿沉船遗址再次遭受盗捞引起了国家文物局和福建省文物局的高度重视，为摸清遗址破坏情况和保存现状，根据国家文物局的工作部署，国家文物局考古研究中心、福建省考古研究院和漳州市文物保护中心联合组队，结合2021年度全国水下考古专业人员进阶培训班水下考古实习，对漳州圣杯屿沉船遗址进行了重点调查，并取得了重要收获。

2021年7月19日下午，由国家文物局考古研究中心、福建省考古研究院主办，漳州市文化和旅游局承办的2021年福建漳州圣杯屿元代沉船遗址保护专项研讨会在漳州宾馆召开。时任国家文物局副局长宋新潮、国家文物局文物保护与考古司司长闫亚林、国家文物局考古研究中心主任唐炜、福建省文物局局长傅柒生、漳州市人民政府副市长吴卫红，特邀文博考古专家栗建安、崔勇、顿贺、林国聪、刘淼，以及福建省文物局、福建省考古研究院、漳州市相关文博单位领导和圣杯屿元代沉船水下调查队队员出席研讨会。与会专家和领导一致认为圣杯屿沉船是元代晚期海外贸易的典型代表，对研究我国元代海上丝绸之路、海外交通史、贸易陶瓷史、造船技术史等具有重要的学术价值，建议尽快梳理以往工作成果，组织水下考古发掘，彻底解决盗捞风险。本次会议初步确定了用2—3年时间完成对该沉船遗址水下考古发掘的工作目标。

国家文物局考古研究中心积极落实会议精神，于2021年底自筹经费设立"漳州圣杯屿沉船遗址综合研究"课题，联合福建省考古研究院、漳州市文物保护中心、漳州市博物馆等单位系统梳理圣杯屿沉船遗址以往出水文物和考古资料，本书正是该课题的成果之一。

2022年4月13日，国家文物局公布《"十四五"考古工作专项规划》，漳州圣杯屿沉船遗址水下考古发掘列入国家"十四五"考古工作重点项目。

本书是对2010—2020年漳州圣杯屿沉船遗址考古调查和保护工作的一次总结，整理公布了2014年和2016年两次水下考古调查的重要资料，对缴获的1644件盗捞文物也进行了初步整理和公布，这对全面了解漳州圣杯屿沉船遗址具有重要价值。另外，在新修订的《中华人民共和国水下文物保护管理条例》公布实施一周年之际，本书专门增设一章介绍地方政府对该沉船遗址的保护工作及成果，这既是我国水下文化遗产保护事业发展历程的真实见证，也是对克服困难，积极保护我国水下文化遗产的各级政府和文物工作者致以崇高敬意，希望有助于推动我国水下文化遗产保护事业的进一步发展。

目 录

插图目录

插表目录

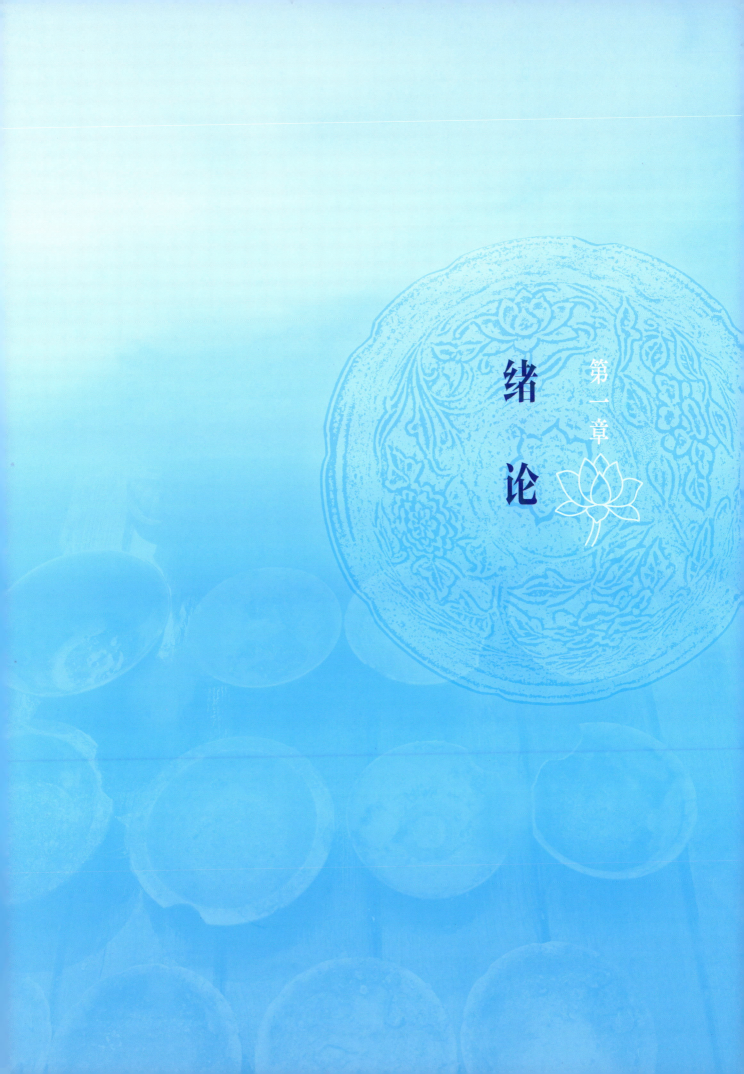

第一章

绪论

沉船遗址位置

图1-1　漳州圣杯屿沉船遗址位置图

　　漳州海域是古代海上丝绸之路上的重要航道和要冲，在中国海外交通史上一直占据着重要地位，素有"苍山万寻、涨海千谷""处八闽之极地，为漳潮之冲""控引番禺、襟喉岭表"之称[1]。明代隆庆开海后，"准贩东西二洋"，以漳州月港为核心的区域更成为中国海外交通和海外贸易的出发港与目的地，漳州窑瓷器一度成为海上贸易的重要商品，是早期贸易全球化的一个见证。漳州海域保存有丰富的水下文化遗产资源，经历年水下考古调查，掌握了近30处水下文化遗产可疑点，已经确认重要水下文化遗产12处。其中沉船遗址5处[2]，漳州圣杯屿元代沉船遗址即是其中之一。

　　漳州圣杯屿元代沉船线索的发现始于2010年11月漳州市文物市场上突然出现一批宋元时期水下文物，引起了漳州市文物部门的高度重视。2011年4月，漳州市文物部门将沉船线索锁定在圣杯屿海域。同年7月，漳州市文物部门与市公安边防支队联合破获了一起重大水下遗址盗捞案件，缴获出水文物722件，其中三级文物112件。2013年，福建博物院等对这批文物进行了初步整理，对沉船遗址的性质和年代有了初步认识[3]。2014年，福建博物院文物考古研究所与漳州市文物保护管理所联合组队开展专题调查，首次确认了沉船遗址的具体位置，并命名为漳浦圣杯屿沉船遗址[4]。后来，沉船所在海域正式划归古雷港经济开发区管辖。根据考古学命名原则，同时考虑避免最小地名重复问题，2021年将该沉船遗址重新命名为漳州圣杯屿沉船遗址（图1-1）。

[1] 上海书店出版社：《中国地方志集成·福建府县志辑·光绪漳州府志》，上海书店出版社，2012年，第53页。

[2] 根据《福建沿海水下考古调查报告（1989—2010）》《漳浦圣杯屿元代沉船遗址调查收获》材料统计，见国家文物局水下文化遗产保护中心、中国国家博物馆、福建博物院、福州市文物考古工作队：《福建沿海水下考古调查报告（1989—2010）》，文物出版社，2017年，第276页；羊泽林：《漳浦圣杯屿元代沉船遗址调查收获》，《东方博物》第五十六辑，2015年，第69—78页。

[3] 福建博物院、漳浦县博物馆：《漳浦县菜屿列岛沉船遗址出水文物整理简报》，《福建文博》2013年第3期，第2—8页。

[4] 羊泽林：《漳浦圣杯屿元代沉船遗址调查收获》，《东方博物》第五十六辑，2015年，第69—78页。

一、地理位置与自然环境

漳州市位于福建省南部，介于东经116°54′—118°08′、北纬23°34′—25°15′之间，地处闽南金三角南端，东邻厦门市集美区，东北与厦门市同安区、泉州市安溪县接壤，北与龙岩市漳平、永定等市县毗连，西与广东省大埔、饶平县交界，东南与台湾地区隔海相望。

漳州陆域地质受印支、燕山、喜马拉雅山等期造山运动影响，构造十分复杂，总的地质构造受北东向华夏式、北北东向新华夏式与北北西向太义山式控制。北部地区沉积岩以褶皱为主，断裂次之，中南部岩浆岩以断裂为主，褶皱次之，力学性质以压扭性为主。山地组成物质以中生代火山岩与燕山期花岗岩为主，岩性坚硬，抗蚀力强，大多沿节理风化崩裂，形成陡峭山峰。漳州海域地质以滨海断裂带为界，断裂带呈北东向，从兄弟屿通过，大致平行于海岸线，两侧地质迥异。北侧地质是大陆延伸部分，南侧属南海亚板块。

漳州海域属台湾海峡大陆架浅海区，水深最深不超过60米，最浅仅为9米，一般水深40米左右，海底较平坦。辖区濒海5个县，有群岛7个，岛屿143个，海岸线长约715千米，海域面积达1.86万平方千米[5]。海域面积略大于陆域面积。域内主要海湾有隆教湾（定台湾）、白圹湾、湖前湾、后蔡湾、前湖湾、将军湾、大澳湾、浮头湾、东山湾、诏安湾、苏尖湾（乌礁湾）、宫前湾等；主要港湾有佛昙港（鸿儒港、前亭港）、旧镇港（港口外为浮头湾）、前港（马銮湾）、后港、宫口港（宫口湾）等。

漳州属南亚热带海洋季风气候，具有温暖湿润、雨量充沛、夏秋炎热多雨、冬无严寒、全年无霜期长等特征。总体上看，气温1月份最低，7月份最高，春季气温呈上升趋势，秋季呈下降趋势；气温的日变化一般是日出前最低，午后达最高。根据1991—2007年的数据统计，年平均气温在20.9—21.9℃之间，呈西北部低、东南部高。海水水温分为港湾区、沿岸区和近海区水温。港湾区平均水温变化范围13.8—28.7℃，以7—9月最高，1—2月最低，年平均水温21—21.4℃，最高值31℃，最低值12.2℃。沿岸区和近海区平均水温变化范围9.4—29.4℃，以5—9月最高，可达29.9℃，1—2月最低，只有9.4℃。水温高低变化，呈现季节分布和平面分布规律。冬季，由外海向沿岸、港湾递减；夏秋季，由外海向沿岸、港湾递增。冬春季水温南部明显高于北部；夏秋季水温南部与北部相同或略高于北部。等温线分布基本与海岸线平行。

漳州的降水量既受季风活动（含热带气旋）支配，又受地理因子影响。冬夏季风的消长、交替和台风活动支配着漳州全年雨量的变化。常年雨量从12月或次年1月开始逐月增多，6月达到高峰，7月下降，8月再度增多。从9月起逐月减少，11月或12月最少。境内暴雨分布由于受地形和海陆分布影响，地区差异很大，其特点是山区多于平原，内陆多于沿海，迎风坡多于背风坡。暴雨中心主要分布在博平岭山脉及余脉的东南背风坡。多年平均暴雨日数博平岭、戴云山山脉迎风坡7—14天，背风坡2.3—5.9天，平原、河谷地带4.9—7.3天，沿海地区3.7—4.9天。

---

[5] 本章主要参照中共漳州市委党史和地方志研究室：《漳州市志（1991—2007）》，中国文史出版社，2019年，第56页。

　　漳州属季风影响区域，又受地形影响，所以各地风向不尽相同。总体上，6—8月盛行西南风，10月至次年3月盛行东北风。根据1991—2007年的数据统计，年平均风速在0.8—5.4米/秒，其中西部的南靖、平和年平均风速较小，均小于1米/秒。沿海县（市）年平均风速都较大，龙海、漳浦都是1.9米/秒，云霄2米/秒，诏安2.3米/秒，东山最大，达5.4米/秒。全市风速平均值季节分布表现为，10月至次年3月较大；4—9月较小。年平均大风日数东山最多，达94天。1991—2007年影响漳州台风共62个，平均每年影响3.6个。统计表明5—10月均可能有台风影响漳州，初台风影响最早出现于5月，终台风最迟于10月。台风影响以7—9月为盛期，其中8月最多，有21次，平均每年1.2次；7月和9月次之，5月影响次数最少。

　　漳州陆上水系发达，全市分布着137条大小江河，支流众多，密布于山野城乡。河流走向为北西和北东向，主流多与山脉走向垂直，支流与山脉走向平行，形成格状水系网。漳州沿海的水系主要受黑潮支梢、南海水、闽浙沿岸水、粤东沿岸水影响。黑潮支梢称台湾暖流，是从巴士海峡进入台湾海峡的高温高盐外海水。南海水属南海环流的一部分，也是高温高盐。闽浙沿岸水是中国大陆东部沿岸江河的闽江、晋江、木兰溪、九龙江等进入闽浙海域的部分水，低温低盐。粤东沿岸水指粤东沿岸江河的韩江、黄岗河、榕江、练江、龙江和珠江等的冲淡水，高温低盐。黑潮支梢和南海水自外洋深海涌入台湾海峡南部大陆坡，遇浅上升形成升流，进入台湾浅滩后，在沿岸与沿岸水交汇混合，形成流隔。这两支水系随季节而伸缩进退，但其势力及其复合的高温高盐水体（大于20℃、34‰）基本控制台湾海峡南部海域。4支水系交汇势力的消长变化，决定了漳州沿海水文和理化特征。

　　漳州沿岸的潮振动主要是太平洋潮波引起的谐振潮，受台湾海峡地形影响，六鳌半岛以北为正规半日潮，以南为不正规半日潮、混合潮，潮差自北向南递减。实测最高潮位：九龙江口石码站4.77米，鹿溪旧镇站3.3米，东山湾的东山站2.97米，也自北向南递减。受台风影响，风暴潮增水显著，可达1.3—1.5米。沿岸水域潮流变化主要受台湾海峡下行潮波（落潮流向西南）和上行潮波（涨潮流向东北）的制约，加上沿岸江河径流、黑潮支梢及沿岸复杂地形的共同作用，各水域的潮流变化比较复杂。河口区和港湾区受到复杂地形和江河径流影响，潮流形成来复流，九龙江口涨潮流流向是西北向，最大流速58—80厘米/秒，最小流速28—40厘米/秒；落潮流流向是东北向，最大流速94—120厘米/秒，最小流速21—55厘米/秒。东山湾涨潮流流向是西向，落潮流流向是东向，湾口平均流速100厘米/秒，最大流速150厘米/秒。诏安湾涨潮流流向是东北向，平均流速40厘米/秒，落潮流流向是西南向，平均流速78—110厘米/秒（表1-1）。

　　漳州沿海水域盐度，随水系势力强弱消长变化，反映各水系势力及交混情况，较为复杂。河口区盐度，夏秋季比冬季低，小潮时比大潮时低，盐度高低主要受雨季江河径流量的影响。九龙江口盐度最高值30.23‰，最低值0.07‰。港湾区、沿岸区和近海区盐度，全年波动范围29.26‰—34.78‰。各个水域的盐度相对较稳定，特别是近海区，受黑潮支梢和南海水系影响较大，终年变化小。河口区盐度的变化还与潮汐有关，一般是大潮盐度高，小潮盐度低；但九龙江口却出现大潮盐度低、小潮盐度高的不正常现象[6]。

[6] 中共漳州市委党史和地方志研究室：《漳州市志（1991—2007）》，中国文史出版社，2019年，第62—85页。

表1-1　2016年圣杯屿海域实测潮汐表

日期	最高潮位时间	最低潮位时间
2016.08.13	7：50	13：25
2016.08.14	8：50	15：15
2016.08.15	9：50	16：10
2016.08.16	10：45	17：00
2016.08.17	11：35	17：45
2016.08.18	12：20	18：25
2016.08.19	13：10	19：10
2016.08.20	13：55	7：30
2016.08.21	14：45	8：15
2016.08.22	15：35	9：00
2016.08.23	16：10	9：45
2016.08.24	17：10	10：35
2016.08.25	18：15	11：30
2016.08.26	19：30	12：35
2016.08.27	7：10	13：45
2016.08.28	8：25	15：00
2016.08.29	9：40	16：05
2016.08.30	10：45	17：00
2016.08.31	11：40	17：50
2016.09.01	12：25	18：30
2016.09.02	13：10	19：10
2016.09.03	13：50	19：45

二、历史沿革

漳州地区周时为闽族居地。战国时期，楚灭越后，越人大规模逃入闽地，漳州为闽越族部落居地。秦始皇二十五年（前222年），漳州境域纳入秦中央版图［另一说为秦始皇三十三年（前214年）秦平百越后］。汉时以梁山为界，初北属闽越国，南属南海国；改"封邦建国"为郡县制后，北属会稽郡冶县，南属南海郡揭阳县。三国时期，北属建安郡东安县，南属南海郡揭阳县。晋太康三年（282年）后，漳州境域北属晋安郡晋安县，南属南海郡揭阳县；咸和六年（331年）后，北属晋安郡晋安县，南属东官郡揭阳县；义熙九年（413年），析揭阳立绥安县后，漳州境域北仍属晋安郡晋安县，南属义安郡绥安县。梁天监六年（507年），析晋安县地置龙溪县、兰水县，同属南安郡（龙溪置县另一说为梁大同六年即540年）。隋开皇十二年（592年），并兰水、绥安2县入龙溪。从此，结束今漳州境域南北分属两郡的局面。唐垂拱二年（686年），置漳州，州治在西林（今云霄县城），属岭南道，辖怀恩、漳浦2县，因州治傍漳江而名漳州。开元四年（716年），州治迁徙至李澳川（今漳浦县绥安镇）。开元二十九年（741年），因怀恩县土地兼并，农户逃亡，户口未能达到立县邑标准，遂撤怀恩县，并入漳浦县。贞元二年（786年），州治再徙龙溪县桂林（今芗城区城区）。宋代改道为路。太平兴国五年（980年），泉州长泰县因距州治遥远，且地处九龙江北溪支流龙津溪流域，南邻漳州州治龙溪县，遂析出入漳州。时漳州下辖龙溪、漳浦、龙岩、长泰4县，隶属福建路。元代，地方设行省、路、府、州、县。至元十六年（1279年）撤州，漳州升为路，属福建行省。至治二年（1322年），置南胜县，漳州路辖龙溪、漳浦、龙岩、长泰、南胜5县。至正十六年（1356年），漳州路所辖的南胜县改称南靖。明洪武元年（1368年），改漳州路为漳州府。明代中叶，漳州府先后增设5县，至隆庆元年（1567年），漳州府辖龙溪、漳浦、龙岩、长泰、南靖、漳平、平和、诏安、海澄、宁洋10县。清代，漳州府属福建省，仍辖10县。雍正十二年（1734年），因龙岩市升为福建直隶州，并割漳平、宁洋2县归龙岩管辖，漳州府改辖龙溪、漳浦、长泰、南靖、平和、诏安、海澄7县。乾隆八年（1743年），龙溪县石码镇升为石码厅；嘉庆三年（1798年），漳浦县云霄镇升为云霄厅。至此，漳州府辖龙溪、漳浦、长泰、南靖、平和、诏安、海澄7县和石码、云霄2厅，并延至清宣统二年（1910年）。宣统三年（1911年），撤石码厅，归龙溪县[7]。

民国元年（1912年），漳州府属地7县1厅为福建西路管辖。民国二年（1913年）3月，改云霄厅为云霄县。民国五年（1916年）5月，析诏安县的东山岛、古雷半岛及周围岛屿，设立东山县。民国十七年（1928年），析龙溪县二十五都、二十三四都共14个保，同时将安溪县宗信、龙涓等地并入，取华丰、安溪的首字合并为县名，设置华安县，治所设在华丰镇，直属福建省政府。民国二十三年（1934年）7月，漳浦、诏安、南靖、平和、龙溪、长泰、海澄、东山、云霄9县属第六行政督察区，专员公署设在漳浦。华安县划第七行政督察区。民国三十六年（1947年），全省行政督察区及辖县重新调整。第五行政督察区辖龙溪、漳浦、云霄、诏安、东山、平和、南靖、长泰、华安、海澄计10县，专员公署驻龙溪[8]。

1949年中华人民共和国成立后，福建省重新划分行政区。1949年9月，漳州辖10县，属第六行政督察区。1950年3月，改为漳州行政督察区；1950年9月，改为福建省人民政府龙溪区，仍辖10县。1951年6月析龙溪县城关一、二区置漳州市（县级），龙溪区辖10县1市；1955年3月，改为龙溪专区，仍辖10县1市。1960年8月起，因龙溪县与海澄县合并为龙海县，龙溪专区辖9县1市。1970年9月，龙溪专区改称龙溪地区，仍辖9县1市：龙海县、漳浦县、云霄县、东山县、诏安县、平和县、南靖县、长泰县、华安县和漳州市。1985年5月14日，经国务院批准，撤销龙溪地区建制，升漳州市为地级市，原县级建制漳州市改为芗城区，建立市辖县（区）的行政体制。1993年5月12日，龙海县撤县建市，为县级建制龙海市。1996年5月31日，设县级建制龙文区。至1996年，漳州市辖芗城区、龙文区、龙海市、漳浦县、云霄县、东山县、诏安县、平和县、南靖县、长泰县、华安县计两区一市八县[9]。

---

[7] 中共漳州市委党史和地方志研究室：《漳州市志（1991—2007）》，中国文史出版社，2019年，第56页。

[8] 中共漳州市委党史和地方志研究室：《漳州市志（1991—2007）》，中国文史出版社，2019年，第57页。

[9] 中共漳州市委党史和地方志研究室：《漳州市志（1991—2007）》，中国文史出版社，2019年，第57页。

三、以往水下考古工作

漳州海域水下考古调查始于2001年。2001年3—4月，福建沿海水下文物普查工作启动，中国历史博物馆水下考古研究中心组织队伍调查了东山冬古湾沉船遗址，这是漳州第一次开展水下考古工作[10]。同年11月，还委托中国科学院南海海洋研究所海洋环境工程中心对古雷头海域水下疑点采用旁侧声呐、浅地层剖面仪进行扫测，获取一批物探资料[11]。

2002年，调查发现了东山东门屿宋至明代水下遗存、关帝庙前水下遗存和古雷头水下遗存三处水下文物点[12]。2004年9—11月，中国国家博物馆水下考古研究中心等单位结合第三期全国水下考古专业人员培训班实习，对东山冬古湾沉船遗址进行了首次水下考古发掘。A区与B区两处发掘面积共计292平方米，发现部分船体残骸，并出水一批陶瓷器、铜铳、铁炮、铠甲片等遗物[13]。2005年6月上旬，福建沿海水下考古调查队复查了东门屿、关帝庙前、古雷头三处水下文物点。2008年3—9月，福建沿海水下文物普查期间，开展了漳州海域水下调查，发现漳浦沙洲岛元代沉船遗址[14]和龙海深埕湾近现代沉船遗址[15]。

2009—2010年，中国国家博物馆组织实施的"十一五"期间福建沿海水下遗址调查，重点放在漳州海域。2009年开展龙海海域水下调查，发现并确认龙海白屿、龙海九节礁两处清代水下文物点。2010年5、9—11月，重点调查了龙海半洋礁海域，发现并确认了"半洋礁一号"宋代沉船遗址[16]。

截至2010年，漳州海域发现并确认的不同时期水下文化遗存共9处。这些遗存均位于近海，离岸较近，水深较浅，既有宋元时期的贸易沉船遗址，又有明末清初的战船遗址，甚至还有抗日战争时期的军舰遗存，类型丰富。

---

[10] 陈立群：《东山岛冬古湾沉船遗址初探》，《福建文博》2001年第1期，第33—39页；中国水下考古中心福建东山冬古湾水下考古队：《2001年度东山冬古湾水下考古调查报告》，《福建文博》2003年第3期，第88—97页；朱滨、孙键：《2001—2002年东山海域水下考古调查报告》，《福建文博》2005年增刊，第107—112页。

[11] 国家文物局水下文化遗产保护中心、中国国家博物馆、福建博物院、福州市文物考古工作队：《福建沿海水下考古调查报告（1989—2010）》，文物出版社，2017年，第275页。

[12] 徐海滨、朱滨：《福建东山东门屿水下考古调查报告》，《福建文博》2005年增刊，第113—117页；朱滨、孙键：《2001—2002年东山海域水下考古调查报告》，《福建文博》2005年增刊，第107—112页；国家文物局水下文化遗产保护中心、中国国家博物馆、福建博物院、福州市文物考古工作队：《福建沿海水下考古调查报告（1989—2010）》，文物出版社，2017年，第275页。

[13] 鄂杰、赵嘉斌：《2004年东山冬古湾沉船遗址A区发掘简报》，《福建文博》2005年增刊，第77、118—123页；李滨、孙键：《2004年东山冬古湾沉船遗址A区发掘简报》，《福建文博》2005年增刊，第124—131页。

[14] 福建沿海水下考古调查队：《漳浦县沙洲岛沉船遗址水下考古调查》，《福建文博》2008年第2期，第5—8页；福建沿海水下考古调查队：《福建沿海水下考古调查》，《文物》2014年第2期，第29—40页。

[15] 福建沿海水下考古调查队：《2008年莆田沿海水下考古调查简报》，《福建文博》2009年第2期，第1—7页。

[16] 国家文物局水下文化遗产保护中心、中国国家博物馆、福建博物院、福州市文物考古工作队：《福建沿海水下考古调查报告（1989—2010）》，文物出版社，2017年，第276页。

第二章

水下考古
调查与发现

一、2014 年水下考古调查与位置确认

（一）调查概况

自2007年以来，漳州市文物部门联合公安、边防等相关海上执法部门，先后破获了6起重大水下文物盗捞案件，收缴珍贵的出水文物数千件，其中圣杯屿水下沉船遗址尤为重要。

为摸清这些沉船遗址的具体位置和保存状况，经国家文物局批准，2014年9月9日至10月18日，福建博物院文物考古研究所联合漳州市文物保护管理所，在漳州市龙海区文体局、漳浦县文体局等文物部门以及沿海边防等部门的大力支持下，在漳州半洋礁海域、将军屿海域、圣杯屿海域开展水下考古调查工作。

2014年漳州海域水下考古调查队人员名单：

中国国家博物馆：邓启江

福建博物院：栗建安、羊泽林（项目领队）、陈浩、宋蓬勃、王芳、危长福、周文晖

漳州市文物保护管理所：阮永好（项目副领队）

福州市文物考古工作队：张勇、林峰、朱滨

泉州市博物馆：张红兴

泉州海外交通史博物馆：傅恩凤

中国闽台缘博物馆：吕睿

本次水下考古调查主要是在前期水下考古线索调查的基础上，综合运用海洋物探设备进行扫测，对物探数据进行综合分析和判读，并对发现的水下疑点进行定位。最后，安排水下考古队员对物探所见疑点开展潜水搜索、确认。待确定水下遗存位置后，进行详细调查和测绘，以确定水下遗存分布的中心区域、范围和保存状况。本次调查历时40天，先后物探扫测面积约120万平方米，发现沉船遗址2处，水下疑点6处，其中包括漳州圣杯屿沉船遗址。

2014年10月2日，水下考古队正式抵达圣杯屿海域，并开展前期物探扫测工作。综合使用多波束声呐、浅地层剖面仪、旁侧声呐等设备同时在划定区域进行扫测，但是效果并不是太好，并没有发现海底的沉船迹象（图2-1—图2-5）。随后，水下考古调查队根据前期搜集的位置线索直接投标，安排水下考古队员进行潜水调查。初次潜水调查就发现了散落海底的瓷器残片（图2-6—图2-11）。经过进一步的调查，10月13日，水下考古队发现该沉船遗址，随后进行了测绘、摄像工作，采集了部分遗物标本。由于整个水下考古调查项目时间和经费有限，加上东北季风南下，漳州海域海况变差，本次水下考古调查工作于10月15日结束。

图2-1	图2-2
图2-3	图2-4
图2-5	图2-6

图2-1　工作船

图2-2　搬运设备

图2-3　安装多波束测深设备

图2-4　投放旁侧声呐设备

图2-5　开展物探扫测

图2-6　准备潜水调查

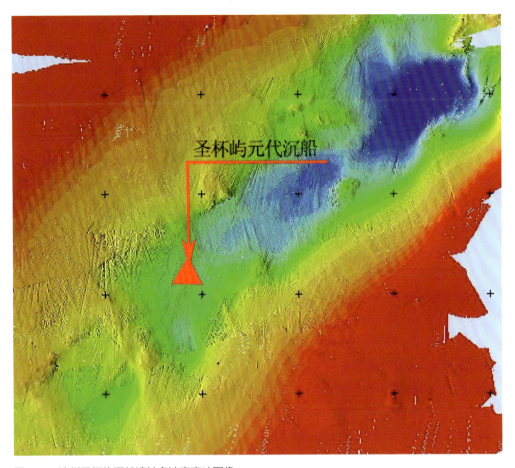

图2-11　漳州圣杯屿沉船遗址多波束声呐图像

（二）遗址概况

经调查，沉船遗址位于圣杯屿西南约200米，东北面有沙洲岛元代沉船遗址（图2-12）。沉船处于一东北至西南走向的坑西南部，低平潮水深26—27米，高平潮水深28—31米。坑的东北部较深，最深40多米，坑底海床以泥沙与石块为主，北部有大片礁石，其余皆多泥沙，夹杂有小块石头。遗物主要散落在坑的底部，分布面积约1200平方米。

遗址表面露出部分船体残骸，方向约300°，出露部分最高0.15米，长9米，其余部分均埋藏于泥沙中。共发现6道隔舱板，进深为1—2米，其中最长的一道宽约4米，厚0.08—0.1米。船板厚0.06—0.1米。

圣杯屿元代沉船

图2-12　圣杯屿及沉船遗址位置

（三）出水文物

本次调查共采集出水文物标本110件，均为龙泉青瓷，器型包括大碗、碗、大盘、盘、小盘、洗、碟、盏、钵和高足杯等。其中碗类最多，数量达66件，占总数量的60%。多数器物胎色泛灰、灰白或灰黄，有生烧或火候不均的现象。釉色多泛青白、青灰或青黄，内壁多施满釉。素面较少，常见刻划、模印技法，部分器物刻划与模印技法并用。刻划常见纹饰有卷草、篦线、莲瓣、变体回纹等，模印常见纹饰为折枝花卉纹等（表2-1）。

表2-1　2014年采集出水文物器型统计表

名称	分型	数量	名称	分型	数量
青瓷大碗		21		B型	13
青瓷碗	A型	1	青瓷小盘	C型	4
	B型	44		D型	4
青瓷大盘	A型	1	青瓷钵		1
	B型	1	青瓷碟	A型	3
青瓷盘	A型	2		B型	1
	B型	2	青瓷洗		4
	C型	1	青瓷盏		1
青瓷小盘	A型	4	青瓷高足杯		2

1. 青瓷大碗

共采集21件，皆可复原。均为侈口，深弧腹，下腹鼓收，圈足，足端外缘斜削，腹部旋坯痕明显。多灰白胎，胎质较致密。

2014FZS采：11，基本完整。器施青釉，釉面泛黄褐色，内施满釉，外施釉至足墙下，部分流至足端。外底中心有圆形割坯痕。口径20.4、足径7.2、高9.4厘米（图2-13）。

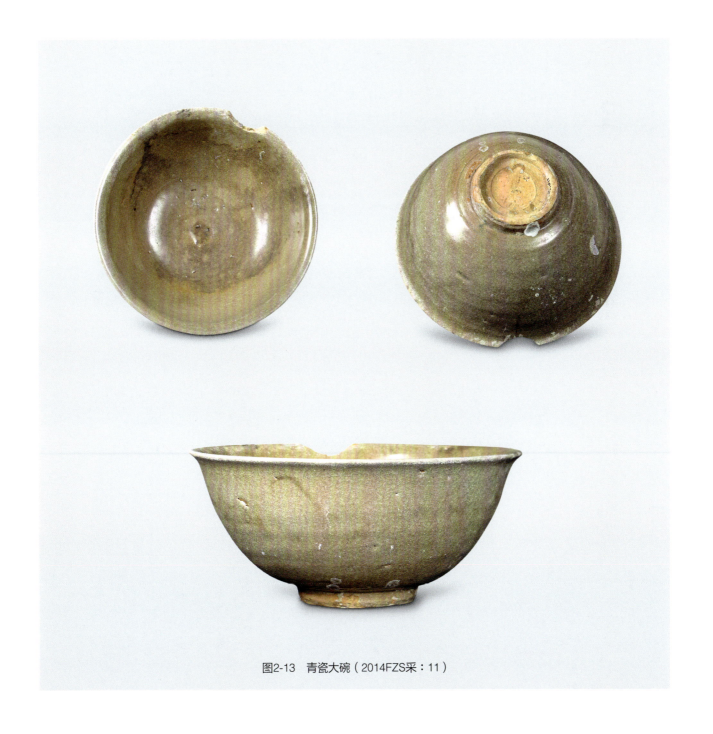

图2-13　青瓷大碗（2014FZS采：11）

　　2014FZS采：04，基本完整。器施青釉，釉色为青褐色，内施满釉，外施釉至足墙下，部分流至足端。内壁上、下部各刻划一道细弦纹，外壁上部刻划四道弦纹。口径18.2、足径7.1、高7.2厘米（图2-14）。

　　2014FZS采：13，残，可复原。器施青釉，釉面泛黄褐色，内施满釉，釉面通体冰裂纹，外施釉至足墙下，部分流至足端。内壁上、下部各刻划一道细弦纹，中间刻划莲花，内底模印折枝花卉纹；外壁上部刻划变体回纹，中部刻划两道弦纹，下部刻划双线莲瓣纹。纹饰较模糊。口径22、足径7.6、高8.3厘米（图2-15）。

　　2014FZS采：14，基本完整。施青釉，内施满釉，外施釉至足墙下，部分流至足端。内壁上、下部各刻划一道细弦纹，内底模印折枝花卉纹；外壁上部刻划变体回纹，中部刻划一道弦纹。口径19、足径7.1、高7.6厘米（图2-16）。

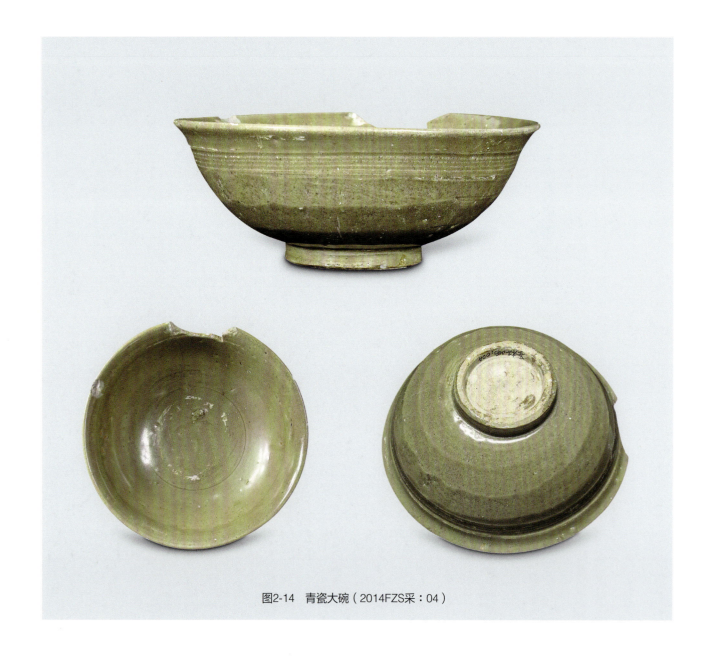

图2-14　青瓷大碗（2014FZS采：04）

图2-15　青瓷大碗（2014FZS采：13）　　　　　　　图2-16　青瓷大碗（2014FZS采：14）

　　2014FZS采：09，残，可复原。施青釉，内施满釉，外施釉至足墙下，部分流至足端，釉面通体开片。内壁上、下部各刻划一道细弦纹，内底模印折枝花卉纹；外壁上部刻划变体回纹，中部刻划两道弦纹，下部刻划双线莲瓣纹。口径19.7、足径7.6、高7.7厘米（图2-17）。

　　2014FZS采：12，基本完整。施青釉，内施满釉，外施釉至足墙下，部分流至足内。内壁刻划水波纹。口径20.3、足径7.2、高8.4厘米（图2-18）。

图2-17　青瓷大碗（2014FZS采：09）

图2-18　青瓷大碗（2014FZS采：12）

2. 青瓷碗

　　共采集45件，其中4件不可复原。器型相对中等。根据口沿可以分为葵口和侈口两型，深弧腹，内、外底较平，圈足，足端外缘斜削，多数腹部旋坯痕明显。

　　A型　葵口碗。1件。葵口外侈，下腹弧收，圈足，足端斜削。灰白胎，胎质较致密。

　　2014FZS采：30，残，可复原。器施青釉，釉色泛青白。内施满釉，外施釉至足墙，外底露胎，部分流釉至圈足内。足内有近圆形割坯痕。内腹部模印缠枝牡丹，其上接一圈草叶纹，内底模印荷花，外上腹刻划四道弦纹，其下刻划变形菊瓣纹。外腹胎壁轮旋痕较为明显。口径16.6、足径6.5、高6厘米（图2-19）。

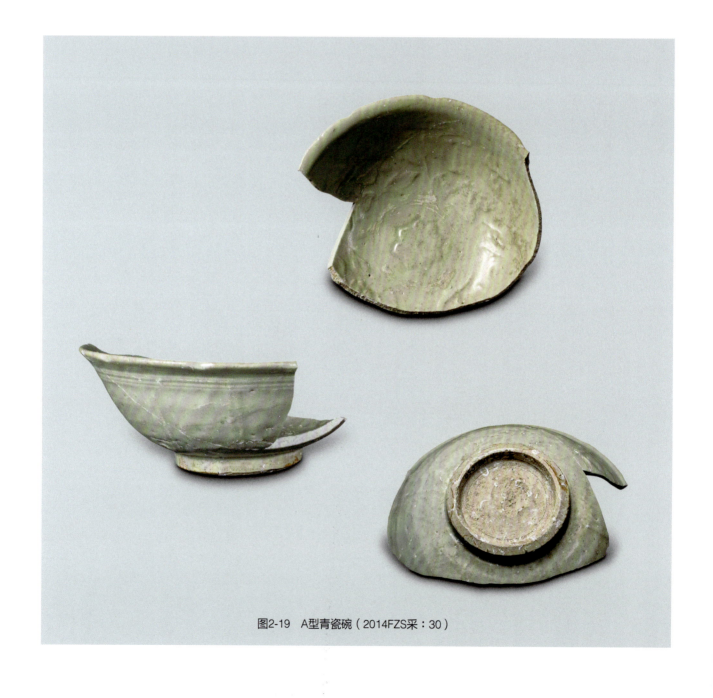

图2-19　A型青瓷碗（2014FZS采：30）

B型　侈口碗。44件。侈口，斜弧腹，圈足，足端斜削。灰白胎，胎质较致密。

2014FZS采：01，完整。器型变形严重。青釉泛灰，内施满釉，外施釉至圈足足墙，局部流至足内。内壁上、下部各刻划一道细弦纹，外腹胎壁轮旋痕较为明显。口径15.8、足径7.4、高6.6厘米（图2-20）。

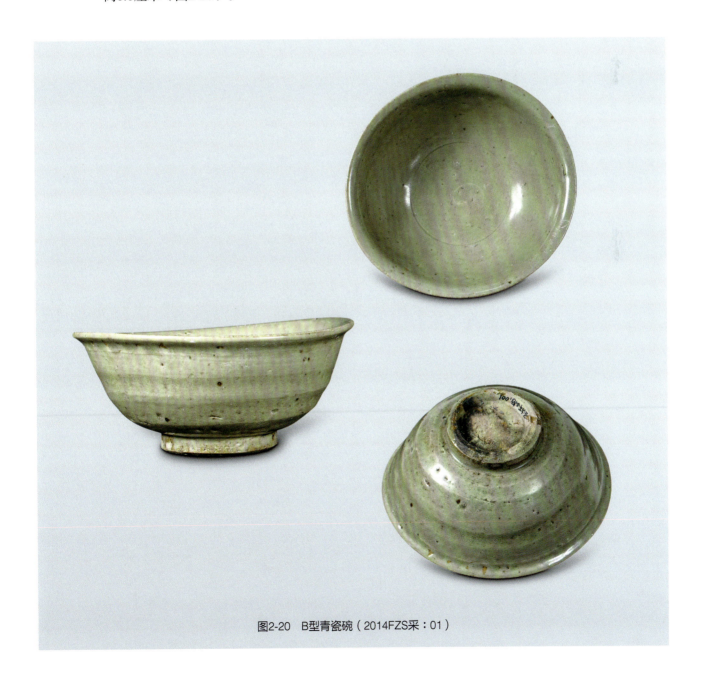

图2-20　B型青瓷碗（2014FZS采：01）

2014FZS采：02，完整。施青釉，釉面有裂纹，口沿有较多小黑点。内施满釉，外施釉至足墙，局部流至足内。内壁上、下部各刻划一道细弦纹，外腹胎壁轮旋痕较为明显。口径16.2、足径6.1、高6.2厘米（图2-21）。

2014FZS采：03，完整。施青釉，通体冰裂纹，内施满釉，外施釉至足墙，局部流至足端。内壁上、下部各刻划一道细弦纹，外腹胎壁轮旋痕较为明显。口径16.2、足径6.4、高6.5厘米（图2-22）。

图2-21　B型青瓷碗（2014FZS采：02）

图2-22 B型青瓷碗（2014FZS采：03）

2014FZS采：05，基本完整。施青釉，通体冰裂纹，内施满釉，外施釉至足墙，局部流至足端。内壁上、下部各刻划一道细弦纹，外壁上部刻划三道弦纹。外腹胎壁轮旋痕较为明显。口径16.4、足径6.2、高6.4厘米（图2-23）。

图2-23　B型青瓷碗（2014FZS采：05）

2014FZS采：06，基本完整。略生烧，青釉泛灰，内施满釉，外施釉至足墙。内壁上、下部各刻划一道细弦纹，内底模印折枝花卉纹。口径16.4、足径6.5、高6.4厘米（图2-24）。

图2-24　B型青瓷碗（2014FZS采：06）

　　2014FZS采：07，基本完整。青釉略泛灰，内施满釉，外施釉至足墙，部分流至足端。外壁上部刻划四道细弦纹，内壁上、下部各刻划一道细弦纹，内底模印折枝花卉纹。口径16.4、足径6.7、高6.5厘米（图2-25）。

图2-25　B型青瓷碗（2014FZS采：07）

2014FZS采：08，完整。青釉泛灰，釉面有大量小黑点，内施满釉，外施釉至足墙，部分流至足端。内壁上、下部各刻划一道细弦纹。口径16.1、足径6、高6.6厘米（图2-26）。

图2-26 B型青瓷碗（2014FZS采：08）

　　2014FZS采：10，基本完整。青釉略泛灰，釉面开片，内施满釉，外施釉至足墙，部分流至足端。内壁上、下部各刻划一道细弦纹，外壁上部刻划四道弦纹。口径16.5、足径6.3、高6.8厘米（图2-27）。

图2-27　B型青瓷碗（2014FZS采：10）

　　2014FZS采：16，完整。器施青釉，釉色泛青绿，釉下开细密开片。内施满釉，外施釉至足墙，部分流至足端。内壁上、下部各刻划一道细弦纹，内底模印折枝花卉纹；外壁上部刻划变体回纹，中部两道弦纹，下部刻划一周单线莲瓣纹。口径16.2、足径6.3、高6.5厘米（图2-28）。

图2-28　B型青瓷碗（2014FZS采：16）

盘类器物共采集32件，根据大小可以分为大盘、盘和小盘三类。

3. 青瓷大盘

共采集2件，皆残。根据口沿可以分为两型。

A型　敞口大盘。1件。敞口微敛，斜弧腹，宽圈足，足端斜削。灰胎，胎质致密。

2014FZS采：35，残，可复原。器型变形。器施青釉，釉色略泛黄。内满釉，外施釉至圈足内，外底外缘涩圈刮釉。内壁上部刻划一道弦纹，下面刻划缠枝莲纹，内底刻划篦划纹。口径34.2、足径23.2、高6.3厘米（图2-29）。

图2-29　A型青瓷大盘（2014FZS采：35）

B型 折沿大盘。1件。圆唇微上翘，宽折沿，浅斜弧腹。灰白胎。

2014FZS采：93，大盘口沿，不可复原。略生烧，器施青釉。大圈足残高5.4厘米（图2-30）。

图2-30 B型青瓷大盘（2014FZS采：93）

4. 青瓷盘

共采集5件，根据口沿分敞口、侈口和折沿三型。

A型　敞口盘。2件。敞口，浅斜弧腹，内底上凸，圈足，足端斜削。灰胎，胎质致密。

2014FZS采：17，基本完整。可复原。器施青釉，釉色略泛青灰。内满釉，外施釉至足墙，部分流淌至足内。釉面粘有较多细砂粒和少量窑渣。内底弦纹，中间模印折枝花卉纹。口径18.6、足径7、高7.5厘米（图2-31）。

图2-31　A型青瓷盘（2014FZS采：17）

2014FZS采：18，可复原。器施青釉，釉色泛青灰。内满釉，外施釉至足墙。口径18.6、足径7、高7.5厘米（图2-32）。

图2-32　A型青瓷盘（2014FZS采：18）

B型　侈口盘。2件。侈口微折，斜弧腹，圈足，足端斜削。灰胎，胎质致密。

2014FZS采：19，完整。器施青釉，釉色泛青绿，通体冰裂纹。内满釉，外施釉至足墙。内壁中部刻划一道弦纹，内底刻划花卉。口径18.6、足径7、高7.5厘米（图2-33）。

图2-33　B型青瓷盘（2014FZS采：19）

　　2014FZS采：31，残，可复原。器施青釉，釉色泛青绿，通体冰裂纹。内满釉，外施釉至足墙，并粘有少量窑砂。内壁上、下部各刻划一道弦纹，中间刻划卷草纹，内底模印花卉；外壁上部刻划四道弦纹，下部刻划宽莲瓣纹。口径19、足径6.5、高4厘米（图2-34）。

图2-34　B型青瓷盘（2014FZS采：31）

C型　折沿盘，共采集1件。圆唇微上翘，宽折沿，斜弧腹，圈足，足墙外斜内直，足端斜削。灰白胎，胎质致密。

2014FZS采：42，残，可复原。器施青釉，釉色黄褐色，通体冰裂纹。内外满釉，仅足端刮釉。内壁刻划菊瓣纹。口径24、足径12.1、高8.8厘米（图2-35）。

图2-35　C型青瓷盘（2014FZS采：42）

5. 青瓷小盘

共采集25件，根据口沿特征可以分为敞口、侈口和葵口四型。

A型 敞口盘。4件。敞口微敛，斜弧腹，圈足，足端斜削。灰胎，胎质致密。

2014FZS采：26，可复原。器施青釉，釉色泛青灰，通体冰裂纹。内底刮釉有一涩圈，外施釉至足墙。外壁粘有少量窑砂。口径15.9、足径5.8、高4厘米（图2-36）。

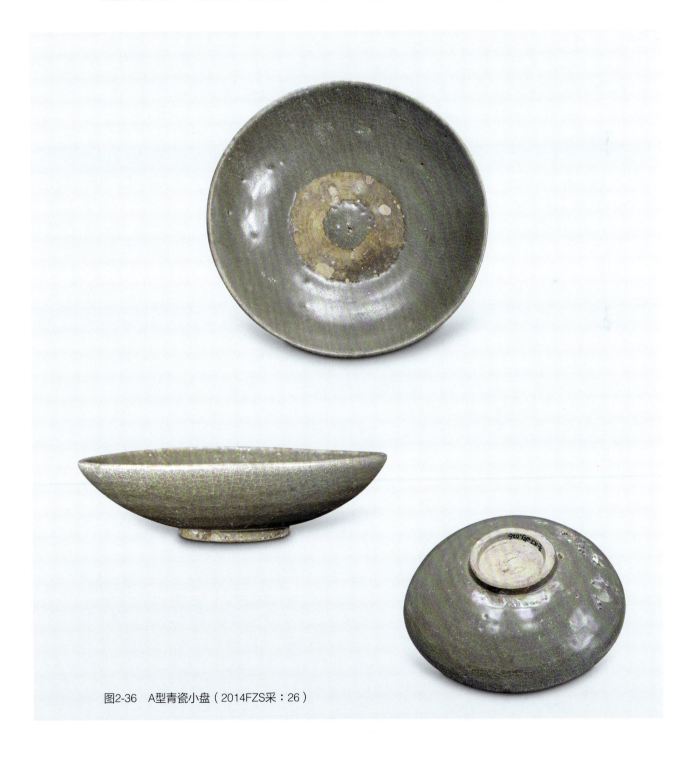

图2-36 A型青瓷小盘（2014FZS采：26）

　　2014FZS采：29，残，可复原。略有变形。器施青釉，釉色泛青绿色，通体冰裂纹。外壁刻划莲瓣状，内底刮釉，有一涩圈，外施釉至足墙。外壁粘有少量窑砂。口径16.2、足径5.6、高4.3厘米（图2-37）。

　　2014FZS采：38，可复原。器施青釉，釉色泛青灰，多气泡。内底刮釉有一涩圈，外施釉至足墙。口径16.2、足径5.1、高4.8厘米（图2-38）。

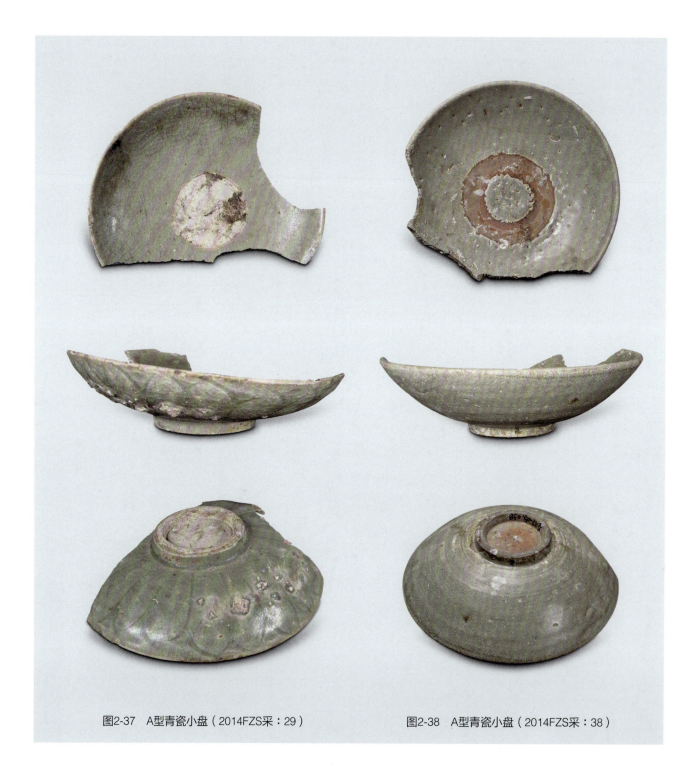

图2-37　A型青瓷小盘（2014FZS采：29）　　　　　图2-38　A型青瓷小盘（2014FZS采：38）

2014FZS采：102，可复原。器施青釉，釉色泛青灰，多气泡。内底刮釉有一涩圈，外施釉至足墙。口径15.8、足径5.8、高4.3厘米（图2-39）。

图2-39　A型青瓷小盘（2014FZS采：102）

B型　侈口盘。13件，侈口，斜弧腹，圈足。

2014FZS采：40，基本完整。器施青釉，釉色泛青褐色，通体冰裂纹。内满釉，外施釉至足墙。内、外壁中部刻划一道弦纹。口径16.7、足径4.9、高3.6厘米（图2-40）。

图2-40　B型青瓷小盘（2014FZS采：40）

　　2014FZS采：56，基本完整。器施青釉，釉色泛青褐色。内满釉，外施釉至足墙。内、外壁中部刻划一道弦纹，内底模印折枝花卉纹。口径16.7、足径4.9、高3.6厘米（图2-41）。

图2-41　B型青瓷小盘（2014FZS采：56）

　　2014FZS采：57，可复原。器施青釉，釉色泛青灰色，有缩釉现象。内底刮釉形成涩圈，外施釉至足墙。口径15.9、足径5.7、高3.8厘米（图2-42）。

　　2014FZS采：58，可复原。器施青釉，釉色泛青灰色。内满釉，外施釉至足墙。内、外壁中部刻划一道弦纹，内底模印折枝花卉纹。口径15.5、足径5.6、高4厘米（图2-43）。

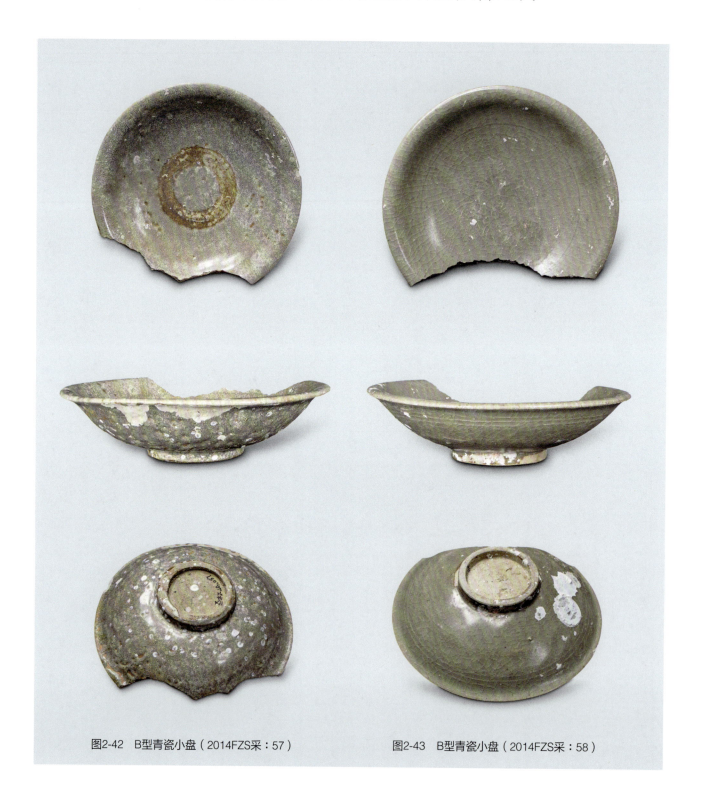

图2-42　B型青瓷小盘（2014FZS采：57）　　　　图2-43　B型青瓷小盘（2014FZS采：58）

2014FZS采：59，可复原。器施青釉，釉色泛青灰色，多气泡。内满釉，外施釉至足墙。内壁中部刻划一道弦纹，内底模印折枝莲。口径16.8、足径6.1、高4.2厘米（图2-44）。

2014FZS采：60，可复原。器施青釉，釉色泛青灰色，多气泡。内满釉，外施釉至足墙。内壁中部刻划一道弦纹，内底模印折花卉。口径16.5、足径6.6、高4.1厘米（图2-45）。

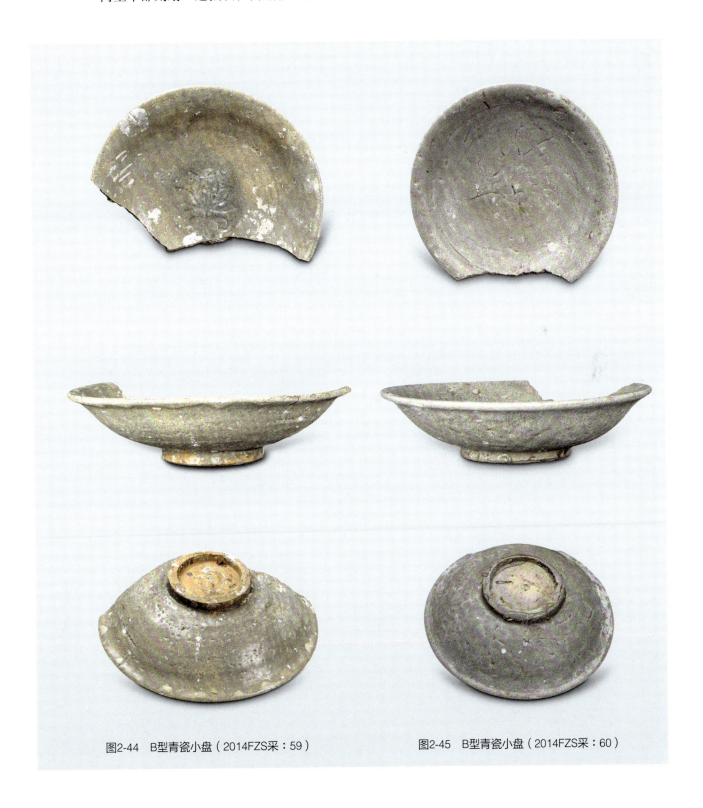

图2-44　B型青瓷小盘（2014FZS采：59）　　　　图2-45　B型青瓷小盘（2014FZS采：60）

2014FZS采：61，可复原。器施青釉，釉色泛青灰色，多气泡。内满釉，外施釉至足墙。内壁中部刻划一道弦纹，内底模印折枝莲。口径16.7、足径6.2、高4.3厘米（图2-46）。

2014FZS采：62，可复原。器施青釉，釉色泛青灰色。内满釉，外施釉至足墙。内底刻划一道弦纹，模印折枝花卉纹。口径16.8、足径6.7、高4.5厘米（图2-47）。

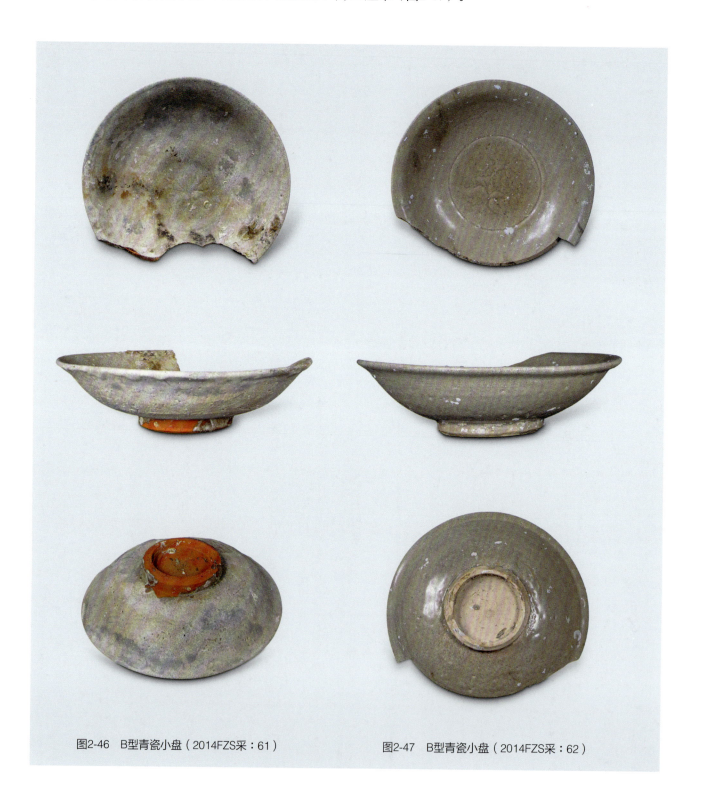

图2-46　B型青瓷小盘（2014FZS采：61）　　　　图2-47　B型青瓷小盘（2014FZS采：62）

2014FZS采：97，完整。器施青釉，釉色泛青灰色。内满釉，外施釉至足墙。内壁中部刻划一道弦纹，内底模印折枝花卉纹。口径16.5、足径6.3、高3.9厘米（图2-48）。

图2-48　B型青瓷小盘（2014FZS采：97）

2014FZS采：99，基本完整。器施青釉，釉色泛青，有开片。内满釉，外施釉至足墙。口径16.6、足径6.1、高3.8厘米（图2-49）。

图2-49　B型青瓷小盘（2014FZS采：99）

C型　敞口宽圈足盘。4件。形似镗锣盘。圆唇，敞口微敛，浅弧腹略鼓，内底较平且外缘浅削一周，圈足，足端斜削。灰白胎，胎质致密。

2014FZS采：39，器施青釉，釉色泛青白，内满釉，外施釉至足，外底露胎，釉下开冰裂纹。内底印折枝花卉纹，外口部刻一周弦纹。口径16.3、足径8.3、高3.2厘米（图2-50）。

图2-50　C型青瓷小盘（2014FZS采：39）

2014FZS采：32，器施青釉，釉色泛青白，内满釉，外施釉至足，外底露胎，有缩釉现象。口径16.3、足径10.5、高3.1厘米（图2-51）。

2014FZS采：37，器施青釉，釉色泛青白，内满釉，外施釉至足，外底露胎。内底刻划一周弦纹，模印折枝花卉纹。口径16、足径8.5、高3.5厘米（图2-52）。

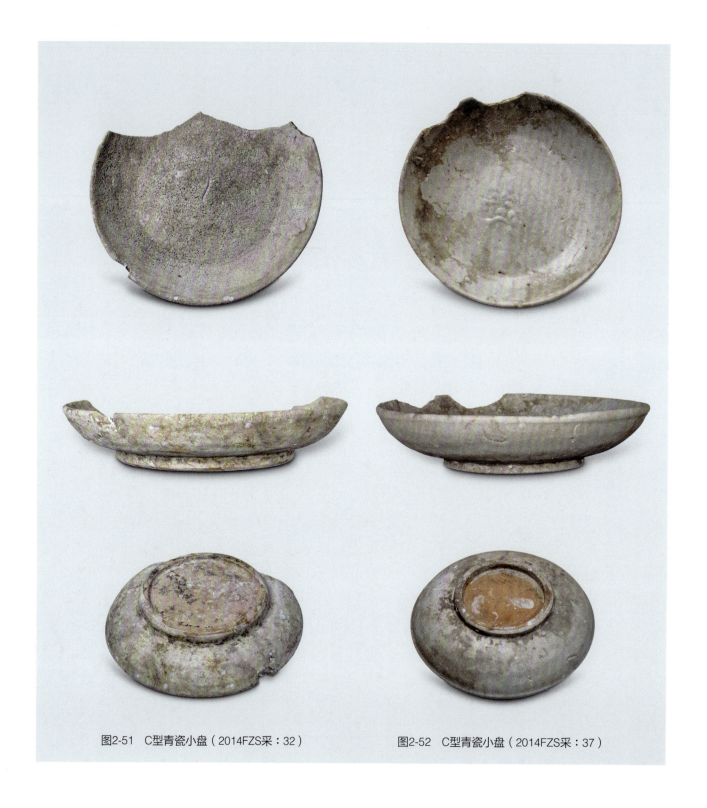

图2-51　C型青瓷小盘（2014FZS采：32）　　　图2-52　C型青瓷小盘（2014FZS采：37）

2014FZS采：108，略生烧。器施青釉，釉色泛青白，内满釉，外施釉至足，外底露胎。内底模印折枝花卉纹。口径16.2、足径9.2、高3.1厘米（图2-53）。

图2-53　C型青瓷小盘（2014FZS采：108）

　　D型　葵口盘，共采集4件。葵口外侈，下腹弧收，圈足，足端斜削。灰白胎，胎质较致密。

　　2014FZS采：33，可复原。器施青釉，釉色泛青白。内施满釉，外施釉至足，外底露胎，部分流釉至圈足内。内腹部模印缠枝花卉纹，内底模印三叶纹，外壁刻划变形菊瓣纹。口径15.7、足径6.6、高3.4厘米（图2-54）。

图2-54　D型青瓷小盘（2014FZS采：33）

2014FZS采：98，可复原。器施青釉，釉色泛青白。内施满釉，外施釉至足墙，外底露胎。内腹部模印缠枝花卉纹，外壁刻划变形菊瓣纹。口径15.1、足径5.8、高3.7厘米（图2-55）。

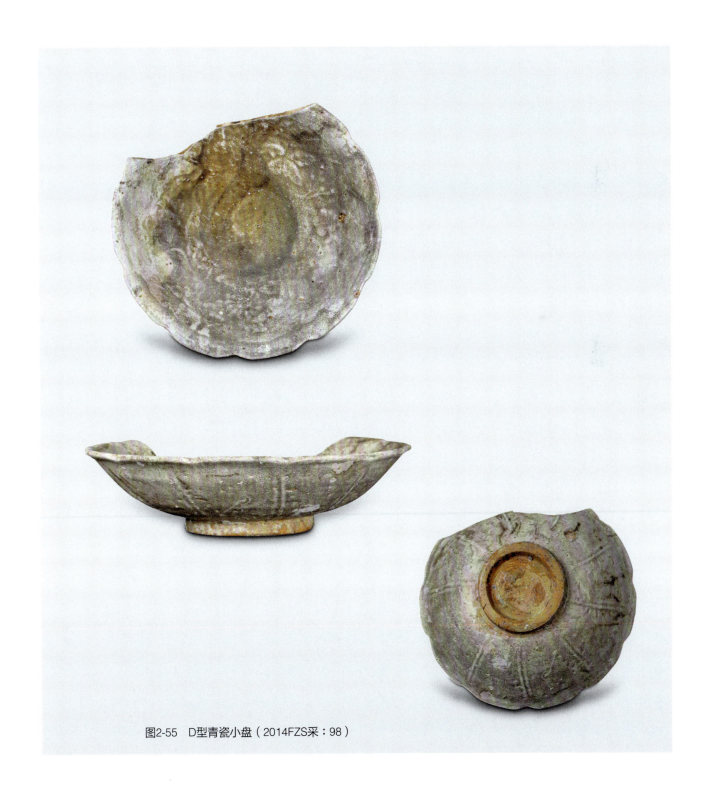

图2-55　D型青瓷小盘（2014FZS采：98）

2014FZS采：107，完整。生烧。器施青釉，釉色泛青白。内施满釉，外施釉至足墙，外底露胎。内腹部模印缠枝花卉纹，纹饰不清晰，外壁刻划变形菊瓣纹。口径16.8、足径6.9、高4.3厘米（图2-56）。

图2-56　D型青瓷小盘（2014FZS采：107）

2014FZS采：109，可复原。生烧。器施青釉，釉色泛青白。内施满釉，外施釉至足墙，外底露胎。内腹部模印纹饰不清晰，外壁刻划变形菊瓣纹。口径16.1、足径7.1、高4.2厘米（图2-57）。

图2-57　D型青瓷小盘（2014FZS采：109）

6. 青瓷钵

共采集1件。敞口，浅斜腹略直，下腹折收，卧足。灰白胎，胎质致密。

2014FZS采：34，基本完整。器施青釉，釉色泛青白。内满釉，外施釉至足内，外底心露胎。内底心模印折枝花卉纹。外下腹粘有黄色废渣。口径12.4、足径6、高3.7厘米（图2-58）。

图2-58 青瓷钵（2014FZS采：34）

7. 青瓷碟

共采集4件，根据口沿不同，可以分为敞口和折沿两型。

A型　敞口碟，共采集3件。敞口微敛，浅腹略鼓，内底宽平，圈足。灰白胎，胎质疏松。

2014FZS采：20，可复原。器施青釉，釉色泛青黄。内壁满釉，内底心刮釉露胎，外施釉至圈足。口径12.8、足径7.3、高3厘米（图2-59）。

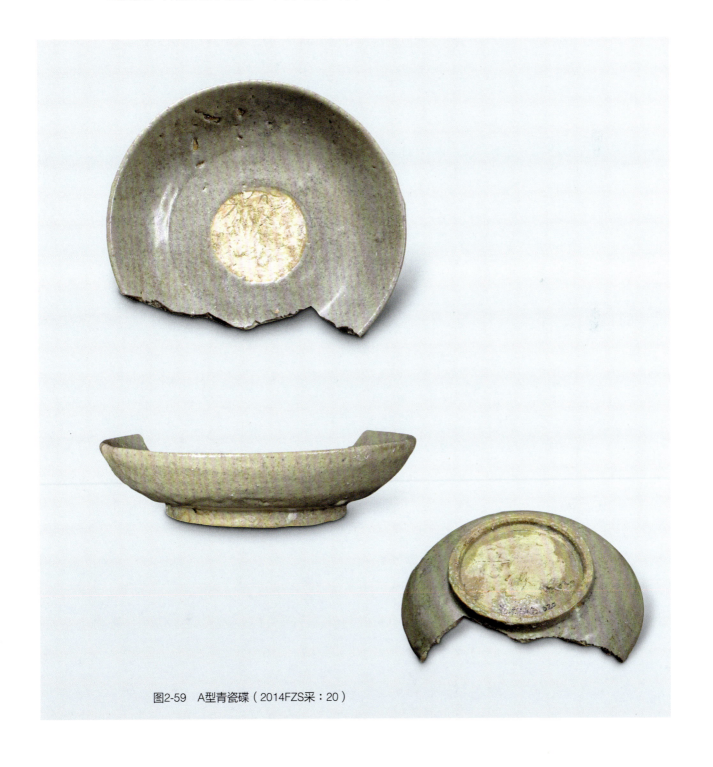

图2-59　A型青瓷碟（2014FZS采：20）

　　2014FZS采：21，可复原。器施青釉，釉色泛青黄。内壁满釉，内底心刮釉露胎，外施釉至足墙，部分流至足内。口径12.1、足径6.1、高2.7厘米（图2-60）。

图2-60　A型青瓷碟（2014FZS采：21）

　　2014FZS采：41，可复原。器施青釉，釉色泛青绿。内壁满釉，内底心刮釉露胎，外施釉至足墙，并粘有少量窑砂。内底未施釉区模印折枝花卉纹。口径12.6、足径7.2、高2.5厘米（图2-61）。

图2-61　A型青瓷碟（2014FZS采：41）

　　B型　折沿碟，共采集1件，折沿，斜弧腹，宽圈足。灰白胎，胎质致密。

　　2014FZS采：105，可复原。器施青釉，釉色泛青绿。内壁满釉，内底心刮釉露胎，外施釉至圈足，部分流釉至圈足内。口径12.5、足径5.7、高3.5厘米（图2-62）。

图2-62　B型青瓷碟（2014FZS采：105）

8. 青瓷洗

共采集4件。洗类器物造型为圆唇，撇口，宽折沿，斜弧腹，矮圈足，内底心上凸，足端斜削。灰白胎，外施釉至圈足足墙，外底露胎。

2014FZS采：23，基本完整。施青釉，釉色泛青灰，内施满釉，外施釉至圈足，部分流釉至圈足内。外壁刻划双线莲瓣纹，内底模印折枝花卉纹。口径19.2、足径7.2、高4.5厘米（图2-63）。

图2-63　青瓷洗（2014FZS采：23）

2014FZS采：25，基本完整。施青釉，釉色泛青白，内施满釉，外施釉至圈足，部分流釉至圈足内。外壁刻划双线莲瓣纹，内底模印双鱼纹。口径18.5、足径7.4、高4.7厘米（图2-64）。

图2-64　青瓷洗（2014FZS采：25）

2014FZS采：36，基本完整。施青釉，釉色泛青灰，内施满釉，外施釉至圈足，部分流釉至圈足内。外壁刻划双线莲瓣纹，内底模印双鱼纹，口沿粘少量窑渣。口径19.8、足径7、高4.3厘米（图2-65）。

图2-65　青瓷洗（2014FZS采：36）

2014FZS采：101，基本完整。略生烧。灰白胎。施青釉，釉色泛青白，内施满釉，外施釉至圈足，部分流釉至圈足内。外壁刻划双线莲瓣纹，内底纹饰不清。口径19.7、足径8.1、高5.6厘米（图2-66）。

图2-66　青瓷洗（2014FZS采：101）

9. 青瓷盏

共采集1件。敞口微敛，斜弧腹，小圈足。内底下凹，外底心乳突。灰白胎，胎质致密。

2014FZS采：22，可复原。施青釉。内满釉，外施釉至圈足，釉面开冰裂纹。外壁刻划菊瓣纹。口径9.9、足径2.8、高4厘米（图2-67）。

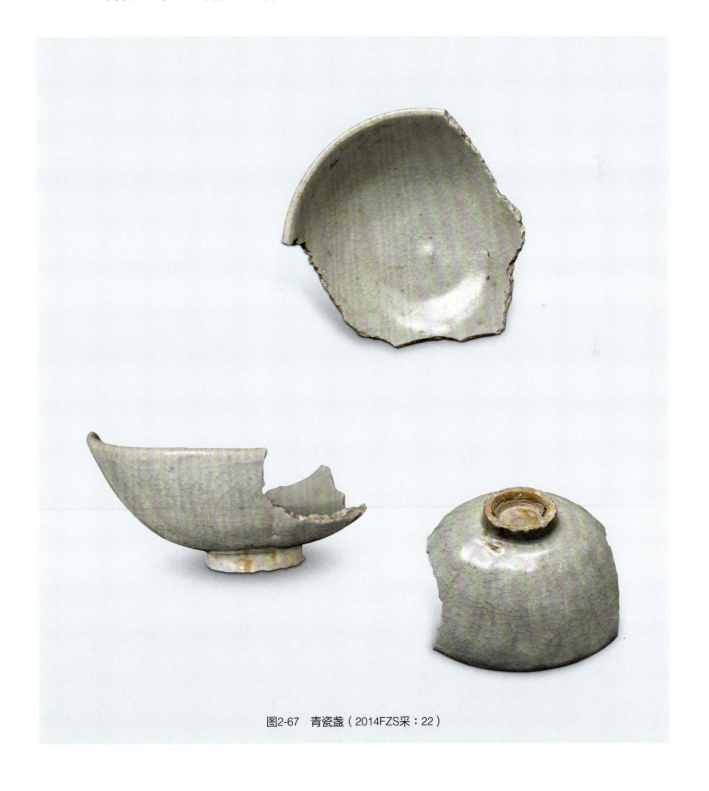

图2-67 青瓷盏（2014FZS采：22）

10. 青瓷高足杯

共采集2件。侈口，斜弧腹，喇叭形高圈足，足端斜削。灰胎，胎质致密。

2014FZS采：24，完整。器施青釉，釉色泛青白。内外满釉，仅足端刮釉露胎。内下腹刻一圈细弦纹，内底模印折枝花卉纹。外上腹刻两圈弦纹。外腹胎体轮坯痕明显。口径12.2、足径4.1、高8.6厘米（图2-68）。

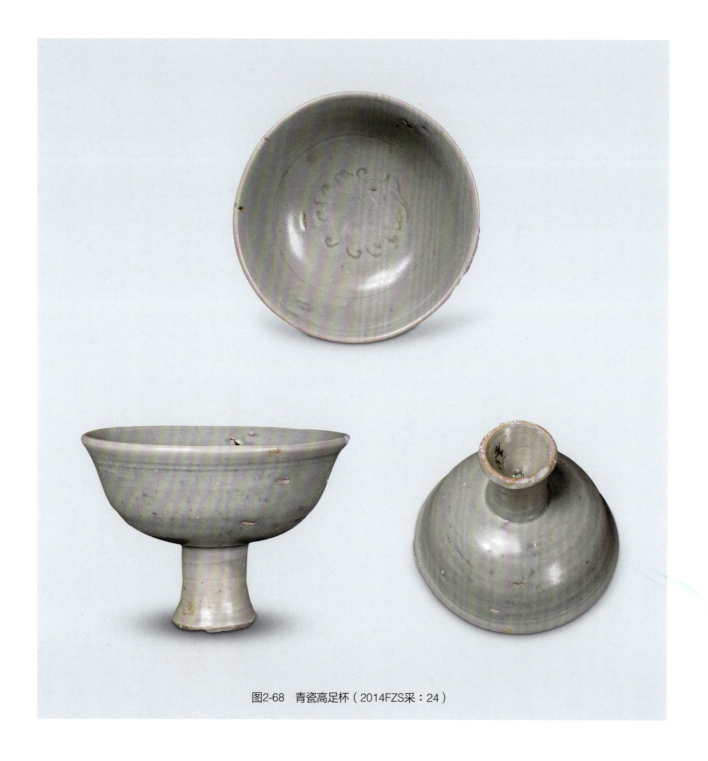

图2-68　青瓷高足杯（2014FZS采：24）

2014FZS采：43，基本完整。器施青釉，釉色泛黄褐色。内外满釉，仅足端刮釉露胎。内下腹刻一圈细弦纹，内底模印折枝花卉纹。口径12.3、足径4、高9.1厘米（图2-69）。

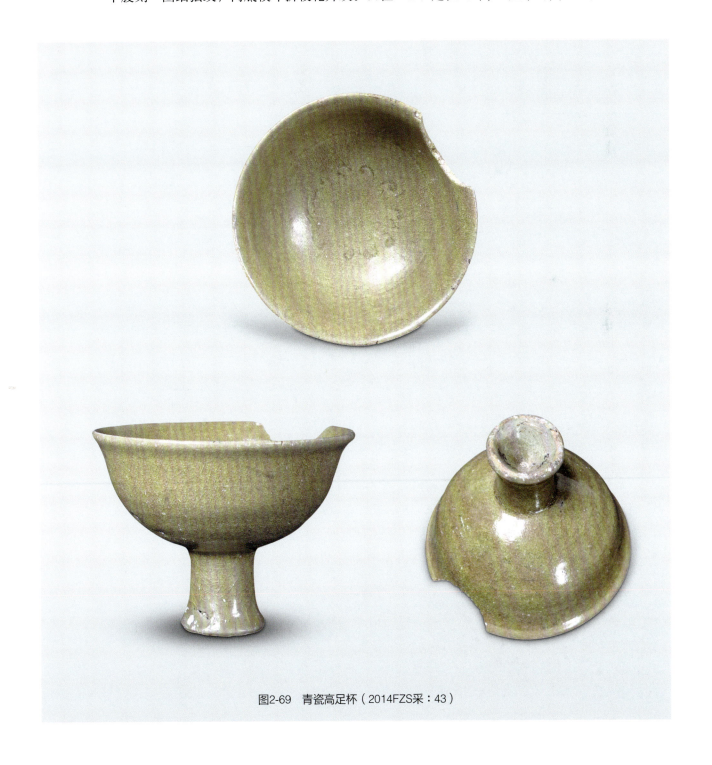

图2-69　青瓷高足杯（2014FZS采：43）

二、2016年水下考古调查与发现

（一）调查概况

为了摸清家底，同时进一步了解漳州圣杯屿沉船遗址的具体保存状况，经国家文物局批复同意，2016年国家文物局水下文化遗产保护中心与厦门市博物馆、漳州市文物保护管理所合作，调集天津、河北、山东青岛和烟台、江苏扬州、浙江宁波、广东汕头和海南等省市水下考古队员，组建水下考古调查队，组织实施了厦门、漳州海域水下文化遗产调查项目。

2016年8月8日至9月8日，水下考古调查队对古雷开发区圣杯屿周边海域开展了专项水下文化遗产调查。本年度的工作技术路线和方法是在以往调查搜集线索的基础上，特邀国家海洋局第三研究所先对重点区域开展专项水下物探调查工作，利用我国海洋调查领域先进的物探设备进行全方位扫测，通过探测和信息分析确定水下文化遗产的位置和范围，最后派遣专业的水下考古队员在目标区域进行水下探摸确认，对水下文化遗产开展详细调查和相关测绘工作，采集相关器物标本，确定文物分布的中心区域、范围和保存现状。

经过多日的物探扫测，并没有发现海底沉船迹象（图2-70—图2-78）。8月13日水下考古调查队开始潜水调查，9月2日结束潜水作业（图2-79）。由于该段时间受台风及恶劣天气影响，水下能见度很差，水下搜索困难重重，本次调查仅在海床表面发现两处间隔约70米的文物散落区，分别编号为南区和北区，并未找到沉船船体。

2016年漳州海域水下考古调查队人员名单：

国家文物局水下文化遗产保护中心：丁见祥（项目领队）、梁国庆

漳州市文物保护管理所：阮永好（项目副领队）、李茹芳、张鸾、周雷贤

天津市文化遗产保护中心：甘才超

河北省文物研究所：佟宇喆

青岛市文物保护考古研究所：尹锋超

烟台市博物馆：孙兆峰

扬州市文物考古研究所：张敏

宁波市文物考古研究所：金涛、李泽琛

厦门市博物馆：郑莹君、郑坤元

汕头市澄海区图书馆：王志杰

海南省博物馆：韩飞

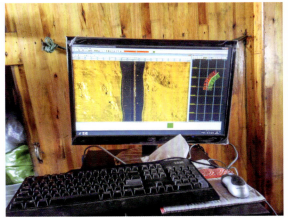

	图2-71
图2-70	图2-72
图2-73	图2-74
图2-75	

图2-70　水下考古调查安装多波束设备

图2-71　水下考古调查多波束图像

图2-72　放置水下考古调查旁侧声呐设备

图2-73　水下考古调查旁侧声呐图像

图2-74　水下考古物探数据实时监测及记录

图2-75　水下考古海底表层采样

图2-76　遗址与杏仔村相对位置

图2-77　水下考古设备装船

图2-78　水下队员商讨水下调查方案

图2-79　水下考古队员准备入水

图2-76	图2-77
图2-78	图2-79

（二）遗址堆积

　　本年度水下考古调查发现水下文物散落区位于圣杯屿西南侧海沟内。海沟的东北部较深，最深40多米，坑底海床以泥沙与石块为主，坑的北部有大片礁石，余皆多泥沙，夹杂有小块石头。本次水下遗址调查面积约1600平方米，其中南区约1200平方米，北区约400平方米。南、北区间隔约70米，两区之间有50米左右未发现器物散落，器物散落较为密集的区域都在坑底及附近区域（图2-80—图2-82）。从采集的器物分析，器型、工艺相似，年代相近，都是元代晚期的产品。

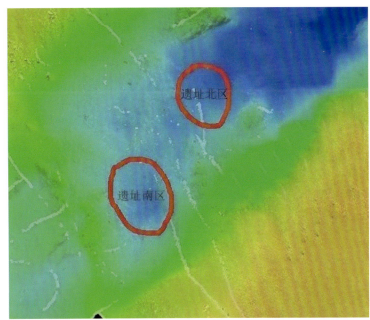

图2-80　遗址南、北区
分布情况

图2-81a　遗址南区海床
表面散落的高足杯

图2-81b　遗址南区海床
表面散落的青瓷碗

图2-81c　遗址南区海床表面散落的圆木

图2-82　遗址北区海床表面散落的水下器物

（三）出水文物

此次共提取出水58件器物，其中南区51件，北区7件，主要为碗、盘、碟、高足杯等器物（表2-2）。

表2-2　2016年出水文物器型统计表

名称	分型	数量
青瓷大碗		16
青瓷碗		31
青瓷大盘		2
盘	A型	1
	B型	2
	C型	1
青瓷钵		2
青瓷碟		1
高足杯		2

◆　南区出水文物

共采集51件，另有船体木材1件。

1. 青瓷大碗

共采集13件。侈口，深斜弧腹，圈足，足端斜削。灰白胎，胎质较疏松。

2016FZS采：16，基本完整，器施青釉，釉色泛黄，通体开片。内壁满釉，外施釉至足墙，局部釉流至足端，外底露胎。内壁上下各施两道弦纹。器腹有旋坯痕迹。口径18.7、底径7、高8厘米（图2-83）。

图2-83　青瓷大碗（2016FZS采：16）

2016FZS采：18，可复原。器施青釉，釉色泛黄，通体开片。内壁满釉，外施釉至足墙，局部釉流至足端，外底露胎。内壁上下各有一道弦纹，弦纹间饰有刻划纹，底部有模印莲花纹。外壁口沿下方饰变体回纹，腹部刻划两道弦，弦纹下刻划莲瓣纹。口径19.5、底径7.6、高7.2厘米（图2-84）。

图2-84　青瓷大碗（2016FZS采：18）

2016FZS采：19，基本完整。器施青釉，釉色泛黄，通体开片。内壁满釉，外施釉至足墙，局部釉流至足端，外底露胎。外部旋坯痕明显。内壁周身饰刻划水波纹。口径18.8、底径6.5、高7.7厘米（图2-85）。

2016FZS采：20，可复原。器施青釉，釉色泛黄。内壁满釉，外施釉至足墙，局部釉流至足端，外底露胎。内壁上下各有一道弦纹，器底模印菊花纹。口径18、底径6.6、高7.3厘米（图2-86）。

图2-85　青瓷大碗（2016FZS采：19）

图2-86　青瓷大碗（2016FZS采：20）

　　2016FZS采：21，可复原。器施青釉，釉色泛黄。内壁满釉，外施釉至足墙，局部釉流至足端。内壁刻划水波纹，底部有一道弦纹和模印花卉纹。口径19、底径6.2、高8.1厘米（图2-87）。

　　2016FZS采：22，可复原。器施青釉，釉色泛青绿色。内壁满釉，外施釉至足墙，局部釉流至足端。内壁上下各有一道弦纹，弦纹间周身刻划水波纹。外腹上下各施六道弦纹。口径19.2、底径7.1、高7.2厘米（图2-88）。

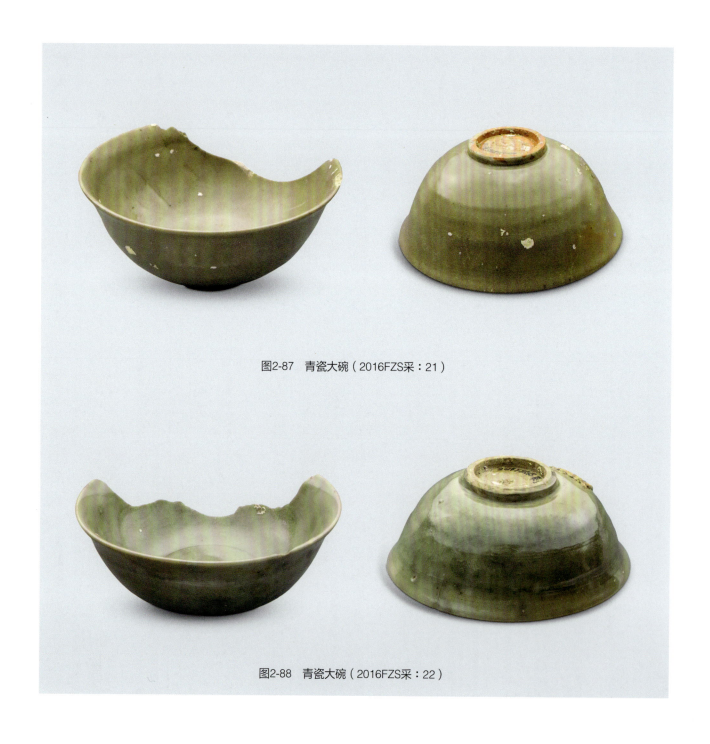

图2-87　青瓷大碗（2016FZS采：21）

图2-88　青瓷大碗（2016FZS采：22）

2016FZS采：23，可复原。器施青釉，釉色泛青绿色。内壁满釉，外施釉至足墙，局部釉流至足端。内壁底部有一道弦纹，腹部周身饰刻划水波纹。外壁上部刻划细线纹一圈。口径18.3、底径7.1、高7.8厘米（图2-89）。

2016FZS采：24，可复原。器施青釉，釉色泛青绿色。内壁满釉，外施釉至足墙，局部釉流至足端。内壁底部有一道弦纹，底部刻划莲花纹，腹部周身饰刻划水波纹。外壁器底周身刻划莲瓣纹。口径18.2、底径6.8、高7.6厘米（图2-90）。

图2-89　青瓷大碗（2016FZS采：23）

图2-90　青瓷大碗（2016FZS采：24）

　　2016FZS采：48，完整。器施青釉，釉色泛青绿色。内壁满釉，外施釉至足墙，局部釉流至足端。内壁上下各有一道弦纹，器底模印折枝花卉纹。口径18.3、底径6.9、高7厘米（图2-91）。

图2-91　青瓷大碗（2016FZS采：48）

2016FZS采：49，完整。器施青釉，釉色泛青绿色。内壁满釉，外施釉至足墙，局部釉流至足端。内壁上下各有一道弦纹。外壁腹部饰有刻划纹，近足端有一道弦纹。口径18.6、底径7.5、高6.9厘米（图2-92）。

图2-92　青瓷大碗（2016FZS采：49）

　　2016FZS采：50，完整。器施青釉，釉色泛青绿色。内壁满釉，外施釉至足墙，局部釉流至足端。内壁上下各有一道弦纹。口径19.2、底径7、高6.9厘米（图2-93）。

图2-93　青瓷大碗（2016FZS采：50）

2016FZS采：51，完整。器施青釉，釉色泛青绿色。内壁腹部刻划水波纹，底部模印花卉纹。外壁近口沿部刻四道弦纹，腹部近足部刻划两道弦纹和刻划莲瓣纹。口径19.3、底径7.3、高7.6厘米（图2-94）。

图2-94　青瓷大碗（2016FZS采：51）

2. 青瓷碗

共采集29件，皆为侈口，斜弧腹，圈足，足端斜削。灰白胎，胎质较致密。

2016FZS采：01，完整。器施青釉，釉色泛黄，内满釉，外施釉至足墙。外壁口沿下刻划有四道弦纹。口径16.5、底径6.2、高6.5厘米（图2-95）。

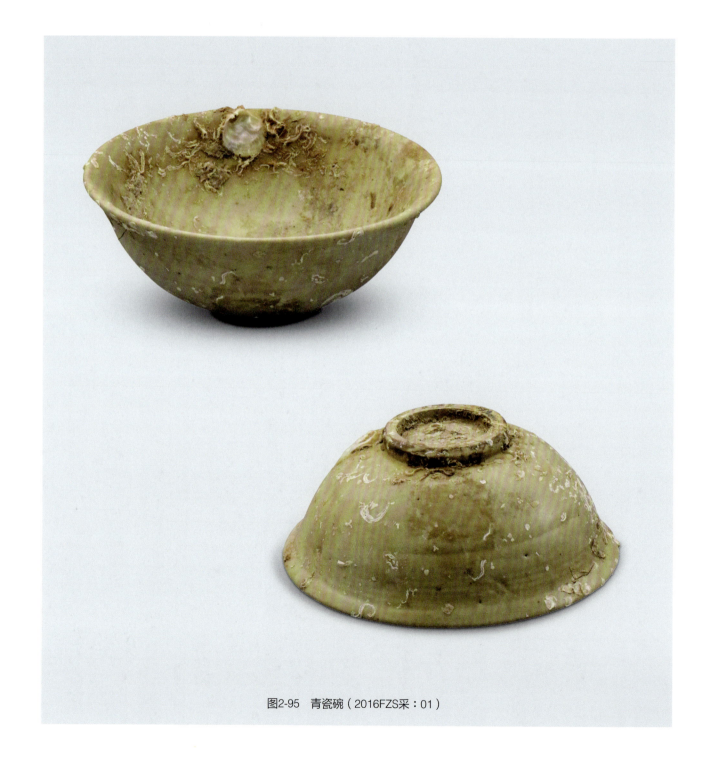

图2-95　青瓷碗（2016FZS采：01）

　　2016FZS采：02，完整。器施青釉，釉色泛黄，多气泡，内满釉，外施釉至足墙。内底模印花纹。外壁口沿下有四道弦纹。口径17、底径7、高7厘米（图2-96）。

图2-96　青瓷碗（2016FZS采：02）

2016FZS采：03，完整。器施青釉，釉色泛黄，多气泡，内满釉，外施釉至足墙。外壁旋坯痕迹明显。内壁下部有一道弦纹。口径16.6、底径6.5、高6.7厘米（图2-97）。

2016FZS采：04，完整。器施青釉，釉色泛黄，多气泡，内满釉，外施釉至足墙。外壁旋坯痕迹明显。内壁下部有一道弦纹。口径16.2、底径6.4、高6厘米（图2-98）。

2016FZS采：05，完整。器施青釉，釉色泛黄，内满釉，外施釉至足墙。外壁旋坯痕迹明显。内底模印折枝花卉纹。口径15.8、底径6.9、高6.2厘米（图2-99）。

图2-97　青瓷碗（2016FZS采：03）

图2-98　青瓷碗（2016FZS采：04）

图2-99　青瓷碗（2016FZS采：05）

　　2016FZS采：06，完整。器施青釉，内满釉，外施釉至足墙。器底粘有少量窑砂。内壁上下各有两道弦纹，外壁口沿下部施两道弦纹。口径16、底径6.1、高6.9厘米（图2-100）。

　　2016FZS采：08，完整。器施青釉，釉色略泛黄，内满釉，外施釉至足墙。内壁底部有一道弦纹，底饰模印折枝花卉纹。外壁口沿下部有三道弦纹。口径16、底径6.5、高6.5厘米（图2-101）。

　　2016FZS采：09，完整。器施青釉，釉色略泛黄，内满釉，外施釉至足墙。内壁饰刻划花卉纹，底部模印折枝花卉纹。外壁近足端有刻划莲瓣纹。口径16.5、底径6.6、高6.5厘米（图2-102）。

图2-100　青瓷碗（2016FZS采：06）

图2-101　青瓷碗（2016FZS采：08）

图2-102　青瓷碗（2016FZS采：09）

2016FZS采：10，完整。器施青釉，釉色略泛黄，内满釉，外施釉至足墙。内壁上下各有一道弦纹，底部模印折枝花卉纹。口径16.3、底径6.5、高6.1厘米（图2-103）。

2016FZS采：12，完整。器施青釉，釉色略泛黄，内满釉，外施釉至足墙。内壁上下各有一道弦纹。口径16、底径6、高6.2厘米（图2-104）。

2016FZS采：13，完整。器施青釉，釉色略泛黄，内满釉，外施釉至足墙。内壁上下各有一道弦纹。口径16.2、底径6.3、高5.8厘米（图2-105）。

图2-103　青瓷碗（2016FZS采：10）

图2-104　青瓷碗（2016FZS采：12）

图2-105　青瓷碗（2016FZS采：13）

2016FZS采：17，可复原。器施青釉，釉色略泛黄，内满釉，外施釉至足墙。口径16.2、底径6.2、高6.1厘米（图2-106）。

2016FZS采：44，完整。器施青釉，釉色略泛黄，内满釉，外施釉至足墙。口径16.2、底径6.2、高6.1厘米（图2-107）。

图2-106　青瓷碗（2016FZS采：17）

图2-107　青瓷碗（2016FZS采：44）

3. 青瓷盘

共采集4件。根据口沿及足部情况分三型。

A型　敞口盘。1件。敞口微敛，斜弧腹，圈足，足端斜削。灰胎，胎质致密。

2016FZS采：46，可复原。器施青釉，釉色泛青绿。内满釉，外施釉至足墙。口径15.8、底径5.5、高4.4厘米（图2-108）。

图2-108　A型青瓷盘（2016FZS采：46）

B型　侈口盘。2件。侈口，斜弧腹，圈足。灰胎，胎质致密。

2016FZS采：40，可复原。器施青釉，釉色泛黄绿。内满釉，外施釉至足部，部分流釉至足墙，局部流至足端。内壁上下各有一道弦纹，底部模印折枝菊花纹。外壁口沿下方饰四道弦纹。口径16、底径6、高4厘米（图2-109）。

2016FZS采：42，可复原。器施青釉，釉色泛黄绿。内满釉，外施釉至足部，部分流釉至足墙，局部流至足端。内壁上下各有一道弦纹，底部模印折枝菊花纹。外壁口沿下方饰四道弦纹。口径16、底径6、高4厘米（图2-110）。

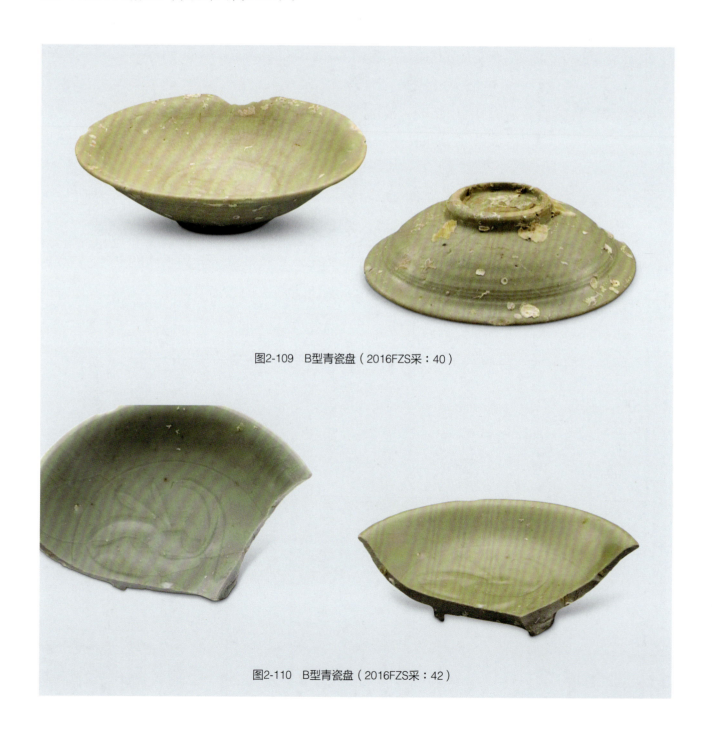

图2-109　B型青瓷盘（2016FZS采：40）

图2-110　B型青瓷盘（2016FZS采：42）

C型　敞口宽圈足盘。1件。形似镗锣盘。圆唇，敞口微敛，浅弧腹略鼓，内底较平且外缘浅削一周，圈足，足端斜削。灰白胎，胎质致密。

2016FZS采：41，可复原。器施青釉，釉色泛青白，内满釉，外施釉至足，外底露胎，釉下开冰裂纹。口径16.5、底径9.5、高2.9厘米（图2-111）。

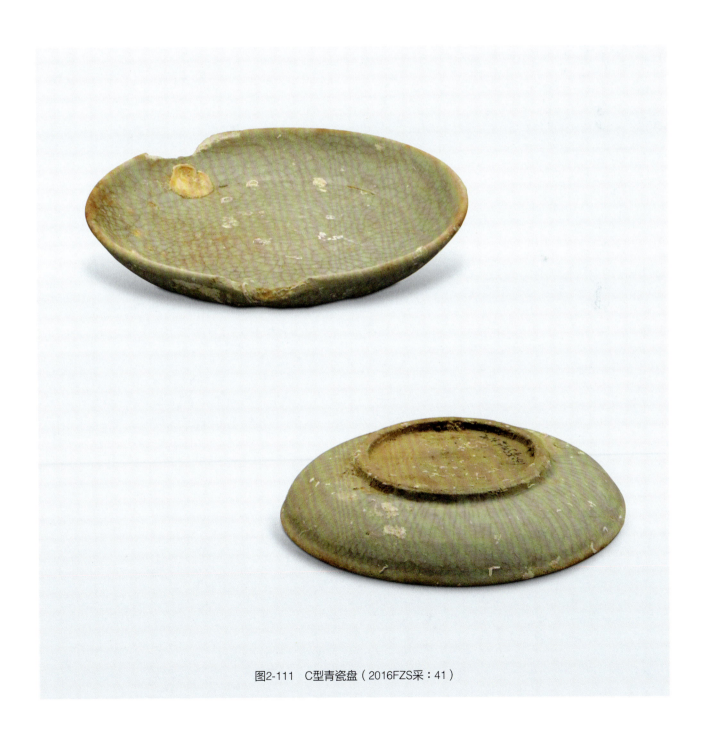

图2-111　C型青瓷盘（2016FZS采：41）

4. 青瓷钵

共采集2件。皆为敞口，浅斜腹略直，下腹折收，卧足。灰白胎，胎质致密。

2016FZS采：37，可复原。器施青釉，釉色泛青白。内满釉，外施釉至足内，外底心露胎。内底心模印折枝花卉纹。外下腹粘有少量窑砂。口径13.3、底径、高3.5厘米（图2-112）。

2016FZS采：38，可复原。器施青釉，釉色泛青白。内满釉，外施釉至足内，外底心露胎。内底心模印折枝花卉纹。外下腹粘有少量窑砂。口径13、底径5.8、高3.9厘米（图2-113）。

图2-112　青瓷钵（2016FZS采：37）

图2-113　青瓷钵（2016FZS采：38）

5. 青瓷碟

共采集1件。折沿，斜弧腹，下腹平收，圈足，外底内足墙弧收。灰白胎，胎质致密。

2016FZS采：39，基本完整。器施青釉，釉色泛青白。内底刮釉露胎，外施釉至圈足，外底露胎。口径12.5、底径5.8、高3.3厘米（图2-114）。

图2-114　青瓷碟（2016FZS采：39）

6. 青瓷高足杯

共采集2件。侈口，斜弧腹，喇叭形高圈足，足端斜削。灰胎，胎质致密。

2016FZS采：36，可复原。器施青釉，釉面略生烧，釉色泛青白。内外满釉，仅足端刮釉露胎。纹饰模糊不清。口径12.5、底径4、高8.8厘米（图2-115）。

2016FZS采：35，完整。器施青釉。内外满釉，仅足端刮釉。外上腹刻变体回纹，外下腹刻莲瓣纹。口径11.5、底径3.6、高8.5厘米（图2-116）。

图2-115　青瓷高足杯（2016FZS采：36）

图2-116　青瓷高足杯（2016FZS采：35）

◆　北区出水文物

共采集7件。

1. 青瓷大碗

共采集3件。侈口，深斜弧腹，圈足，足端斜削。灰白胎，胎质较疏松。

2016FZS北区采：03，可复原。器施青釉，釉色泛青灰。内施满釉，外施釉至足，外底露胎，部分流釉至圈足内，釉面有开片。内上腹、内下腹及内底各刻一圈弦纹，内底模印折枝菊纹。口径19.6、底径7.4、高8.4厘米（图2-117）。

图2-117　青瓷大碗（2016FZS北区采：03）

2016FZS北区采：04，可复原。器施青釉，釉色泛青灰。内施满釉，外施釉至足墙，外底露胎，部分流釉至圈足内，釉面有开片。内壁腹部周身有刻划水波纹。外壁口沿下刻划六道弦纹，中部刻划一道弦纹，近足端饰刻划莲瓣纹。口径19.2、底径7.2、高7.5厘米（图2-118）。

2016FZS北区采：05，可复原。器施青釉，釉色泛青灰。内施满釉，外施釉至足墙，外底露胎，部分流釉至圈足内，釉面有开片。内壁上下各有一道弦纹，底部有模印花卉纹。外壁口沿下刻划变体回纹，中部刻划一道弦纹，近足端刻划莲瓣纹。口径19.2、底径7.5、高7.3厘米（图2-119）。

图2-118　青瓷大碗（2016FZS北区采：04）

图2-119　青瓷大碗（2016FZS北区采：05）

2. 青瓷碗

2件。侈口，斜弧腹，圈足，足端斜削。灰白胎，胎质较致密。

2016FZS北区采：06，可复原。器施青釉，釉色泛青白，内满釉，外施釉至足墙。内壁上下各有一道弦纹，弦纹间饰刻划荷花纹，底部有模印花卉纹。口径16.6、足径6.1、高5.9厘米（图2-120）。

2016FZS北区采：07，可复原。器施青釉，釉色泛青白，内满釉，外施釉至足墙。内壁上下各有一道弦纹，外壁口沿下刻划四道弦纹。口径16.1、足径6.2、高6厘米（图2-121）。

图2-120　青瓷大碗（2016FZS北区采：06）

图2-121　青瓷大碗（2016FZS北区采：07）

3. 青瓷大盘

采集2件，皆残片，不可复原。

2016FZS北区采：01，损毁严重，仅存底部。通体开片，内外施釉。内底中心模印花纹，外圈有一周篦划纹。外底有叠烧的涩圈。底径24、底厚1.3、近器底壁厚0.9厘米（图2-122）。

2016FZS北区采：02，损毁严重，仅存口沿。内外施釉，局部有开片。釉色均匀，胎质细腻。折沿敛口，内壁刻划花卉纹。口径35.4、残高6.1厘米（图2-123）。

图2-122　青瓷大碗（2016FZS北区采：01）

图2-123　青瓷大碗（2016FZS北区采：02）

三、初 步 认 识

（一）出水文物的特征及产地

　　2014年和2016年水下考古调查，在漳州圣杯屿沉船遗址采集的瓷器标本皆为青瓷器，器型包括碗、盘、钵、盏、洗、碟和高足杯，其中以碗和盘为大宗，碗类达到125件，占比超过74%，盘类38件，占比约为22.6%，其他类器物占比不足3.5%，总体来说器型比较单一。在烧造水平和工艺上，此次采集的青瓷标本整体看来器胎较为粗糙，系轮坯成型，器型不太规整，器胎内外壁多见有轮旋痕，修坯不精。胎体疏散，多呈灰白或者灰褐色，陶土淘洗也不是十分精细，有的存在较多孔隙和杂质。除少量器物釉色青绿外，大部分器物存在不同程度的生烧现象，釉色呈现黄褐、灰白、灰褐等深浅不一的颜色，甚至一件器物存在不同颜色。内腹及内底多施满釉，内底涩圈或刮釉器少见，外施釉多至足部，外底多露胎，部分器物外底内涩圈或零星施釉，釉面下多开有大小不一的冰裂开片。装饰技法以模印居多，次为刻划，常见有单面刻划、双面刻划加内底模印、单内底模印等几种装饰方式。刻划技法常见弦纹、莲瓣、卷草、变体回纹、荷花、篦线等纹饰，模印纹饰以折枝花卉为主，单枝菊花、牡丹、茶花及双枝菊花最具代表。刻划图案十分简单，线条也随意草率，大量模印纹饰也不是十分清晰，甚至存在重复模印和模印后刮釉的现象。总体来说，相比宋代龙泉窑繁密严谨的刻划风格，给人以衰落感。但是，从另一角度看，这也体现了龙泉青瓷为适应市场而批量生产，从追求产品质量到追求产品产量的一种变化。

　　从胎釉、装饰等特征来看，圣杯屿沉船出水的瓷器均为龙泉窑产品，且各类器物中均有变形或生烧的产品，说明其并非核心产区所生产，通过比对窑址资料推测其可能来源于龙泉东区的源口、大白岸一带窑场。

（二）沉船遗址及出水文物属性

　　漳州圣杯屿沉船遗址出水瓷器皆为龙泉青瓷，器型单一，大量瓷器为重复品，多批量出现，且没有使用痕迹，总体来看，这批瓷器具备商品的性质，推测应该为海上贸易的船货，进而推测漳州圣杯屿沉船为一艘海上贸易商船。

　　从沉船出水标本看，主要为龙泉东区的产品，并未见其他窑口产品，因此可以推测该沉船可能是一艘专门运输龙泉青瓷的货船，其始发港可能是温州。对比国外港口和沉船出水同类瓷器，推测其目的地可能是东南亚一些国家。

　　沉船遗址所在位置位于圣杯屿与古雷半岛之间的一条小型航道之上，东侧为菜屿航道，再东侧为菜屿列岛和台湾海峡。台湾海峡风高浪急，菜屿航道至今还是我国沿海南北交通的一条重要海上通道。沉船遗址附近海域暗礁丛生，水流湍急，海况复杂，至今还是会经常发生海难事故，被海事部门列为历史性海难多发区。因此，可以初步推测圣杯屿沉船自北航行至此时，因发生海难而沉没。

（三）沉船年代

圣杯屿沉船遗址未见纪年类文物，目前，其年代判断主要依靠出水的瓷器。该遗址出水的龙泉窑青瓷器相对较为单一，器型以碗、盘为主，少量洗、碟、盏、高足杯。碗、盘类依大小特征可分为大碗、碗、小碗和大盘、盘、小盘等。

其中大部分瓷器胎质整体较为致密，亦有部分胎体疏松者。胎色泛灰、灰白或灰黄，生烧或火候不均的器物，胎体则泛白或灰红色。器多施青釉，釉色泛青白、青灰或青黄，内壁多施满釉，未见涩圈、芒口等器物，外多施釉至足，少部分施釉至圈足内，外底多零星施釉，釉下多布有开片形成冰裂纹。装饰方面，素面较少，常见刻划、模印技法，又以模印技法居多，双面或单面刻划，部分器物刻划与模印技法并用，模印图案较为复杂。但是总体上看，器物装饰风格表现较为随意。经过对比，这与龙泉东区第三期晚段及第四期产品特征相似，且所出的内腹刻划卷草与外上腹部刻变体回纹的碗和下腹刻莲瓣纹的碗与源口窑址群EY161窑炉下层的六型Ⅱ式碗、Ⅰ式碗在造型及装饰特征上较为一致。此外，类似的划花、印花碗还见于元代中晚期的大练岛沉船、新安沉船等沉船船货中，类似但并不完全一致的船货还见于漳浦莱屿沉船、马来西亚玉龙号沉船等。因此，初步推断圣杯屿沉船的年代应该为元代晚期。

（四）沉船遗址南区与北区的关系

2016年水下考古调查认为圣杯屿水下沉船遗址散落范围较广，南北两区之间存在约70米的文物真空地带未发现有瓷器散落，从目前采集出水文物看，南北两区的文物以及2014年出水文物器物类型、烧造工艺和装饰风格等方面都十分相似，是同一个时期的沉船遗址还是同一处沉船遗址尚无法完全判断。因此，南、北区遗址的性质以及相互关系还需要今后进一步的调查与研究工作来解决。

第三章

漳州圣杯屿
沉船遗址的保护

　　自我国1989年颁布《中华人民共和国水下文物保护管理条例》以来，水下文化遗产保护工作在近几十年来得到了不断发展与完善。经过30多年，尤其是"十一五"期间的发展，我国水下文化遗产保护已从单纯的水下考古调查、重要沉船发掘发展为全方位的水下文化遗产保护，并且从单一部门主导发展为多部门积极协作。与此同时，经过多年努力，联合国教科文组织于2001年11月2日在第31届大会上正式通过了《保护水下文化遗产公约》。这是世界范围内通过的第一个关于保护水下文化遗产的国际性公约。其所倡导的打击商业盗捞、原址保护等原则得到了国际社会的广泛认可。随着水下文化遗产内涵和外延的不断丰富和拓展，保护对象日益复杂多样，工作内容也从单纯的水下考古拓展到出水文物保护、巡查监护、执法管理等多个领域，水下文化遗产的保护已经提上日程。

　　在新修订的《中华人民共和国水下文物保护管理条例》实施一周年之际，本章节主要介绍漳州圣杯屿沉船遗址的保护工作及其成果，希望为我国水下文化遗产保护事业的发展提供些许帮助。

一、漳州圣杯屿沉船遗址的保护措施

（一）多部门合作，严厉打击非法盗捞

　　2007—2011年，漳州市公安边防部门在文物部门的配合下，先后破获了6起水下遗址盗捞案件，收缴数千件珍贵的出水文物，其中就包括圣杯屿沉船遗址。

（1）2011年"7·25"水下盗捞案件

　　2010年10月，13号台风鲇鱼在古雷半岛附近海域登陆，杏仔村当地渔民将圣杯屿海域附近的养殖箱沉入海底，渔民雇请的潜水员在打捞养殖箱时发现零星瓷器。同年11月，漳州文物市场上突然出现一批宋元时期的海捞瓷，这引起了漳州市文化与出版局、漳州市文物保护管理所的高度重视。12月，漳州市文物保护管理所专业人员追查到盗捞地点在古雷经济开发区沙洲岛附近海域。2011年4月，进一步追查到沉船位置在圣杯屿附近海域，并通报当地相关部门，安排当地渔民日常守护。7月22日凌晨，漳州市文物保护管理所接到当地线民举报，有不法分子在漳浦古雷半岛杏仔村附近海域进行违法盗捞活动。23日晚，漳州市文物保护管理所及市边防支队4名侦查员一起绕道进入海边埋伏，侦查不法盗捞活动，并掌握了准确的信息。

　　24日夜，由漳州市边防支队侦查科、市文化稽查大队及文物保护管理所组成的12人抓捕小分队陆续进入各个布控点。8点10分左右，停靠在码头附近的盗捞船只陆续出海。凌晨一点多，盗捞船只开始返航，抓捕分队果断出击，抓获潜水员3名，当地参与盗捞分子4名，当场查扣现代途胜越野车一部，缴获出水文物2箱，从盗捞分子房内查没出水文物1箱，共161件。漳州市边防支队侦查科及时抽调当地边防派出所警力，突击提审，又从盗捞分子家中仓库查没出水文物6箱，共561件。该案件抓捕不法分子7人，先后缴获出水文物722件。这批文物皆为完

图3-1　2011年"7·25"水下盗捞案件缴获的瓷器

整器，器型有碗、盘、小碟、香炉、陶罐、小杯等，经福建省文物鉴定组鉴定，其中三级文物112件，一般文物610件。该案件的破获，极大震慑了不法分子，在较长的一段时间里，保护了漳州圣杯屿沉船遗址（图3-1）。

（2）　2020年"11·23"古雷特大水下文物盗捞案件

2020年8月，漳州市文物部门在与漳浦刑侦部门工作对接过程中，特别提醒了古雷半岛海域漳州圣杯屿沉船遗址的情况，并请刑侦部门予以特别关注。

2020年11月23日漳州市海警局、漳浦县公安局刑警大队在古雷开发区圣杯屿海域破获"11·23"古雷特大水下文物盗捞案件。漳浦县公安局刑警大队缴获盗捞文物105件，漳州市海警局漳浦工作站缴获盗捞文物173件，专案组在平潭、福清、长乐等地，陆续追回涉案瓷器文物169件，在江西抚州公安部门的配合下，追查下游文物收购犯罪团伙，追缴盗捞文物近500件。该案抓获犯罪嫌疑人19名，先后共追缴盗捞文物922件（套），其中三级文物77件[1]。

---

[1]　《漳州破获系列盗捞海底沉船文物案抓获犯罪嫌疑人19名缴获海捞瓷器846件》，来源：法治网，http://www.legaldaily.com.cn/legal_case/content/2021-06/21/content_8534263.html；《福建漳州破获"11·23"系列盗捞海底沉船文物案》，来源：法治网，http://www.legaldaily.com.cn/legal_case/content/2021-06/16/content_8530563.html。

图3-2　2020年"11·23"古雷特大水下文物盗捞案件缴获的部分瓷器

"11·23"系列盗捞海底沉船文物案系近年来漳州海警和公安机关主动侦破的又一起特大水下文物盗捞案件。该案件的成功破获打掉了沿海海域水下盗捞犯罪团伙，成效明显，达到了打击一批、震慑一片、稳定一方的良好效果，对漳州市的文物保护，特别是水下文物保护起到了重要警示作用，同时也追回了一批珍贵的水下文物，为水下考古调查、发掘、保护和研究工作争取了宝贵时间（图3-2）。

（二）积极开展远程安全防范监控试点，探索沉船遗址的原址保护

为探索沿海水下文化遗产安全防范体系的有效模式，2010年中国文化遗产研究院（国家水下文化遗产保护中心）与漳州市文物保护管理所合作，选取了漳州半洋礁海域实施"沿海水下文化遗产安全防范监控试点"项目，利用部队雷达监控、公安边防警用监控系统、3G网络海上和码头监控系统等，做到24小时不间断对水下文化遗产保护区进行实时监控[2]。"沿海水下文化遗产安全防范监控试点"项目组与漳州市各相关职能部门在水下文化遗产保护工作中达成了良好的沟通合作，项目运作效果良好，连续协助破获"7·25"特大水下文物盗捞案件在内的多起水下盗捞案件，得到了课题专家组的高度肯定，项目的成功实施充分体现了政府的主导性、力量的联合性和技术的可行性。

---

[2] 范伊然：《我国水下文化遗产安全监控初探——以福建漳州"半洋礁号"遗址监控为例》，《南方文物》2013年第2期，第173—180页。

　　2011年"7·25"特大水下文物盗捞案件发生后,漳州市文物保护管理所在漳州圣杯屿沉船遗址附近的外南屿和杏仔码头各增设一个3G无线红外视频监控,从而对遗址进行有效监控。在漳州市人民政府和古雷港经济开发区管委会的高度重视下,从2022年起漳州圣杯屿沉船遗址周边海域已经纳入当地公安、海警天网系统,列入当地海上联防队重点巡查区域,实现遗址24小时视频监控和不定时海上巡防。漳州市文化和旅游局与漳州市公安局、市海警局、市海事

图3-3　漳浦古雷半岛增设的3G监控点位置

图3-4　3G无线红外视频监控

图3-5	图3-6
图3-7	图3-8

图3-5　3G无线红外视频监控平台

图3-6　2011年时任国家文物局文保司司长关强、福建省文物局局长郑国珍等领导在海上现场调研"沿海水下文化遗产安全防范监控试点"项目

图3-7　2011年时任国家文物局副司长刘铭威、中国文化遗产研究院副院长柴晓明等领导在海上现场调研"沿海水下文化遗产安全防范监控试点"项目

图3-8　时任漳州市公安边防支队副支队长张智远介绍相关警用监控系统

局、市海洋与渔业局等相关涉海单位建立了水下文物保护信息共享机制，共同构筑起了水下文化遗产保护安全防线（图3-3—图3-8）。

（三）积极开展普法宣传，提高沿海渔民的法律意识

水下文化遗产保护存在"守法成本高，违法成本低"的特点。真正做好水下文化遗产的保护工作，仅仅依靠文物部门是不现实的，一方面需要涉海执法部门的大力支持，例如公安、海警、海事、渔业等，另一方面需要通过普法宣传，增强公众的文物保护意识。

漳州市文物保护部门积极利用各乡镇文化站、边防派出所、当地中小学及船舶管理站等，通过发放宣传材料的形式，加强对广大渔民进行相关的普法宣传，提高各沿海渔村渔民的文物保护意识。2022年漳州市文化和旅游局拨出专款通过中国移动、中国电信、中国联通公司向沿海县（区）居民发送水下文物保护普法短信三百余万条（图3-9、图3-10）。

图3-9　杏仔码头水下文化遗产保护宣传牌

图3-10　水下文化遗产普法宣传材料正面

二、漳州圣杯屿沉船遗迹精品文物介绍

2011、2020年两次水下文物盗捞案件，先后追缴出水文物1644件，除2件残损外，其余皆为完整器，且经福建省文物鉴定组鉴定三级文物达到189件。2011年缴获文物722件，器型统计如下表（表3-1），2020年缴获文物922件，其中主要为碗，达907件，其中仅1件葵口碗，其余皆为侈口碗，另有盘14件，洗1件。现将部分文物展示如下：

表3-1　2011年缴获文物器型统计表

器类	型式	数量（件）
大碗（口径：18—22厘米）	侈口碗	50
碗（口径：15—18厘米）	侈口碗	419
	葵口碗	90
小碗（口径：13—15厘米）	侈口碗	8
	葵口碗	5
盘（口径：18—30厘米）	侈口盘	3
	敞口盘	94
小盘（口径：15—18厘米）	侈口盘	12
	葵口盘	4
炉	三足弦纹炉	3
碟	折沿碟	5
	敞口碟	2
钵	卧足钵	2
洗	折沿洗	6
高足杯		7
盏		9
其他		3

1. 碗

青瓷碗，侈口，斜弧腹，圈足，足端斜削。灰白胎，胎质较疏松。器施青釉，外施釉至足，外底露胎。内腹刻划莲花，内底模印折枝花卉纹，外上腹刻变体回纹，中部刻划一圈弦纹。口径20、足径7.7、高8.3厘米（图3-11）。

图3-11　青瓷碗

（现藏于漳州市博物馆）

　　青瓷碗，侈口，斜弧腹，圈足，足端斜削。灰白胎，胎质较疏松。器施青釉，釉色呈黄褐色。外施釉至足，外底露胎。内腹刻划莲花纹，内底模印折枝花卉纹，外上腹刻变体回纹，中部刻划一圈弦纹，近足部刻划莲瓣纹。口径20、足径7、高8厘米（图3-12）。

图3-12　青瓷碗
（现藏于漳州市博物馆）

青瓷碗，侈口，斜弧腹，圈足，足端斜削。灰白胎，胎质较疏松。器施青釉，釉色略黄。外施釉至足，外底露胎。内腹刻划纹饰，内底模印折枝花卉纹，外上腹刻变体回纹，中部刻划一圈弦纹，近足部刻划莲瓣纹。口径19.3、足径7.4、高8.4厘米（图3-13）。

图3-13　青瓷碗
（现藏于漳州市博物馆）

青瓷碗，侈口，斜弧腹，圈足，足端斜削。灰白胎，胎质较疏松。器施青釉。外施釉至足墙，外底露胎。内腹刻划莲花纹，内底模印折枝花卉纹，外上腹刻变体回纹，中部刻划两圈弦纹，近足部刻划莲瓣纹。口径19.8、足径7.6、高8厘米（图3-14）。

图3-14　青瓷碗

（现藏于漳州市博物馆）

　　青瓷碗，侈口，斜弧腹，圈足，足端斜削。灰白胎，胎质较疏松。器施青釉，釉色呈黄褐色。外施釉至足墙，外底露胎。内腹刻划莲花纹，内底模印折枝花卉纹，外上腹刻变体回纹，近足部刻划莲瓣纹。口径20.5、足径7.4、高8.4厘米（图3-15）。

图3-15　青瓷碗
（现藏于漳州市博物馆）

　　青瓷碗，侈口，斜弧腹，圈足，足端斜削。灰白胎，胎质较疏松。青器施釉。外施釉至足墙，外底露胎。内腹刻划莲花纹，内底模印折枝花卉纹，外上腹刻变体回纹，中部刻划一圈弦纹，近足部刻划莲瓣纹。口径19、足径6.4、高7.7厘米（图3-16）。

图3-16　青瓷碗

（现藏于漳州市博物馆）

青瓷碗，侈口，斜弧腹，圈足，足端斜削。灰白胎，胎质较疏松。器施青釉。外施釉至足墙，外底露胎。内底模印折枝花卉纹。口径16.3、足径6.4、高6.7厘米（图3-17）。

图3-17　青瓷碗
（现藏于漳州市博物馆）

青瓷碗，侈口，斜弧腹，圈足，足端斜削。灰白胎，胎质较疏松。器施青釉。外施釉至足墙，部分流釉至足内，外底露胎。内腹刻划莲花纹，内底一圈弦纹，模印折枝花卉纹，外上腹刻变体回纹，近足部刻划莲瓣纹。口径19、足径7、高8.5厘米（图3-18）。

图3-18　青瓷碗
（现藏于漳州市博物馆）

　　青瓷碗，侈口，斜弧腹，圈足，足端斜削。灰白胎，胎质较疏松。器施青釉，釉色呈黄褐色。外施釉至足墙，部分流釉至足内，外底露胎。内腹刻划莲花纹，内底一圈弦纹，外上腹刻变体回纹，中部一圈弦纹，近足部刻划莲瓣纹。口径20、足径7、高7.8厘米（图3-19）。

图3-19　青瓷碗
（现藏于漳州市博物馆）

青瓷碗，侈口，斜弧腹，圈足，足端斜削。灰白胎，胎质较疏松。器施青釉，釉色呈黄褐色。外施釉至足墙，部分流釉至足内，外底露胎。内腹刻划莲花纹，内底模印折枝花卉纹，外上腹刻变体回纹，中部刻划两圈弦纹，近足部刻划莲瓣纹。口径19.7、足径7.6、高7.7厘米（图3-20）。

图3-20　青瓷碗
（现藏于漳州市博物馆）

青瓷碗，侈口，斜弧腹，圈足，足端斜削。灰白胎，胎质较疏松。器施青釉，釉色呈黄褐色。外施釉至足墙，部分流釉至足内，外底露胎。内腹刻划莲花纹，内底模印折枝花卉纹，外上腹刻变体回纹，近足部刻划莲瓣纹。口径20、足径7.1、高7.3厘米（图3-21）。

图3-21　青瓷碗
（现藏于漳州市博物馆）

　　青瓷碗，侈口，斜弧腹，圈足，足端斜削。灰白胎，胎质较疏松。器施青釉，釉色呈黄褐色。外施釉至足墙，部分流釉至足内，外底露胎。内腹刻划莲花纹，内底模印折枝花卉纹，外上腹刻变体回纹，中部刻划三圈弦纹，近足部刻划莲瓣纹。口径20.9、足径7.2、高8厘米（图3-22）。

图3-22　青瓷碗
（现藏于漳州市博物馆）

青瓷碗，侈口，斜弧腹，圈足，足端斜削。灰白胎，胎质较疏松。器施青釉，釉色呈黄褐色。外施釉至足墙，部分流釉至足内，外底露胎。内腹刻划莲花纹，内底模印折枝花卉纹，外上腹刻变体回纹，中部刻划两圈弦纹，近足部刻划莲瓣纹。口径19.8、足径7.5、高7.8厘米（图3-23）。

图3-23　青瓷碗

（现藏于漳州市博物馆）

青瓷碗，侈口，斜弧腹，圈足，足端斜削。灰白胎，胎质较疏松。器施青釉，釉色不匀，部分呈黄褐色。外施釉至足墙，部分流釉至足内，外底露胎。内腹刻划莲花纹，内底单圈，模印折枝花卉纹，外上腹刻变体回纹，中部刻划三圈弦纹，近足部刻划莲瓣纹。口径22、足径7.9、高7.6厘米（图3-24）。

图3-24　青瓷碗
（现藏于漳州市博物馆）

青瓷碗，侈口，斜弧腹，圈足，足端斜削。灰白胎，胎质较疏松。器施青釉，釉色呈黄褐色。外施釉至足墙，部分流釉至足内，外底露胎。内腹刻划莲花纹，内底模印折枝花卉纹，外上腹刻变体回纹，近足部刻划莲瓣纹。口径19.9、足径7.7、高7.8厘米（图3-25）。

图3-25　青瓷碗
（现藏于漳州市博物馆）

青瓷碗，侈口，斜弧腹，圈足，足端斜削。灰白胎，胎质较疏松。器型变形。器施青釉，外施釉至足墙，部分流釉至足端，外底露胎。内腹刻划莲花纹，内底模印折枝花卉纹，外上腹刻变体回纹，中部刻划三圈弦纹。口径19.7、足径7、高7.9厘米（图3-26）。

图3-26　青瓷碗
（现藏于漳州市博物馆）

　　青瓷碗，侈口，斜弧腹，圈足，足端斜削。灰白胎，胎质较疏松。器施青釉，外施釉至足墙，部分流釉至足端，外底露胎。内底单圈，模印折枝花卉纹，外壁上腹刻变体回纹，中部刻划一圈弦纹，近足端刻划莲瓣纹。口径15.7、足径6.4、高5.8厘米（图3-27）。

图3-27　青瓷碗
（现藏于漳州市博物馆）

青瓷碗，侈口，斜弧腹，圈足，足端斜削。灰白胎，胎质较疏松。器施青釉，釉色不匀。外施釉至足墙，部分流釉至足端，外底露胎。内壁腹部刻划莲花纹，内底模印折枝花卉纹，外壁上腹刻变体回纹，中部刻划一圈弦纹，近足端刻划莲瓣纹。口径19.8、足径8、高7.5厘米（图3-28）。

图3-28　青瓷碗

（现藏于漳州市博物馆）

　　青瓷碗，侈口，斜弧腹，圈足，足端斜削。灰白胎，胎质较疏松。器施青釉，外施釉至足墙，部分流釉至足端，外底露胎。内壁腹部刻划莲花纹，内底单圈，模印折枝花卉纹，外壁上腹刻变体回纹，中部刻划三圈弦纹，近足端刻划莲瓣纹。口径19.5、足径7.4、高8.1厘米（图3-29）。

图3-29　青瓷碗
（现藏于漳州市博物馆）

青瓷碗，侈口，斜弧腹，圈足，足端斜削。灰白胎，胎质较疏松。器施青釉，釉色呈黄褐色。外施釉至足墙，部分流釉至足端，外底露胎。内壁腹部刻划莲花纹，内底模印折枝花卉纹，外壁上腹刻变体回纹，中部刻划两圈弦纹，近足端刻划莲瓣纹。口径20.5、足径7.5、高7.7厘米（图3-30）。

图3-30　青瓷碗

（现藏于漳州市博物馆）

青瓷碗，侈口，斜弧腹，圈足，足端斜削。灰白胎，胎质较疏松。器施青釉。外施釉至足墙，部分流釉至足端，外底露胎。内壁腹部刻划莲花纹，内底单圈，模印折枝花卉纹，外壁上腹刻变体回纹，中部刻划三圈弦纹，近足端刻划一圈弦纹。口径19.5、足径6.5、高7.8厘米（图3-31）。

图3-31　青瓷碗
（现藏于漳州市博物馆）

青瓷碗，侈口，斜弧腹，圈足，足端斜削。灰白胎，胎质较疏松。器施青釉。外施釉至足墙，外底露胎。内壁腹部模印莲花纹。口径16.9、足径5.8、高6.3厘米（图3-32）。

图3-32　青瓷碗

（现藏于漳州市博物馆）

　　青瓷碗，侈口，斜弧腹，圈足，足端斜削。灰白胎，胎质较疏松。器施青釉。外施釉至足墙，部分流釉至足端，外底露胎。内底模印折枝花卉纹。口径16.6、足径6.6、高6.3厘米（图3-33）。

图3-33　青瓷碗

（现藏于漳州市博物馆）

青瓷碗，侈口，斜弧腹，圈足，足端斜削。灰白胎，胎质较疏松。器施青釉，釉色呈黄褐色。外施釉至足墙，部分流釉至足端，外底露胎。内壁腹部刻划莲花纹，内底模印折枝花卉纹，外壁上腹刻变体回纹，近足端刻划莲瓣纹。口径20.3、足径7.3、高8厘米（图3-34）。

图3-34　青瓷碗

（现藏于漳州市博物馆）

青瓷碗，侈口，斜弧腹，圈足，足端斜削。灰白胎，胎质较疏松。器施青釉，釉色呈黄褐色。外施釉至足墙，部分流釉至足端，外底露胎。内壁腹部刻划莲花纹，内底模印折枝花卉纹，外壁上腹刻变体回纹，中部刻划两圈弦纹，近足端刻划莲瓣纹。口径20.6、足径7.7、高8.1厘米（图3-35）。

图3-35 青瓷碗
（现藏于漳州市博物馆）

青瓷碗，侈口，斜弧腹，圈足，足端斜削。灰白胎，胎质较疏松。器施青釉，釉色呈黄褐色。外施釉至足墙，部分流釉至足端，外底露胎。内壁腹部刻划莲花纹，内底模印折枝花卉纹，外壁上腹刻变体回纹，中部刻划两圈弦纹，近足端刻划莲瓣纹。口径20.8、足径7.4、高8.1厘米（图3-36）。

图3-36 青瓷碗
（现藏于漳州市博物馆）

青瓷碗，侈口，斜弧腹，圈足，足端斜削。灰白胎，胎质较疏松。器施青釉。外施釉至足墙，部分流釉至足端，外底露胎。内壁腹部刻划莲花纹，内底模印折枝花卉纹。口径19.2、足径7.2、高7.9厘米（图3-37）。

图3-37　青瓷碗

（现藏于漳州市博物馆）

青瓷碗，侈口，斜弧腹，圈足，足端斜削。灰白胎，胎质较疏松。器施青釉。外施釉至足墙，部分流釉至足端，外底露胎。内壁腹部刻划莲花纹，内底模印折枝花卉纹，外壁上腹刻变体回纹，中部刻划一圈弦纹。口径19.6、足径6.7、高7.5厘米（图3-38）。

图3-38 青瓷碗
（现藏于漳州市博物馆）

青瓷碗，侈口，斜弧腹，圈足，足端斜削。灰白胎，胎质较疏松。器施青釉，釉色呈黄褐色。外施釉至足墙，部分流釉至足端，外底露胎。内壁腹部刻划莲花纹，内底模印折枝花卉纹，外壁上腹刻变体回纹，近足端刻划莲瓣纹。口径20、足径7.3、高8.3厘米（图3-39）。

图3-39　青瓷碗

（现藏于漳州市博物馆）

　　青瓷碗，侈口，斜弧腹，圈足，足端斜削。灰白胎，胎质较疏松。器施青釉，釉色呈黄褐色。外施釉至足墙，部分流釉至足端，外底露胎。内壁腹部刻划莲花纹，内底模印折枝花卉纹，外壁上腹刻变体回纹，中部刻划一圈弦纹，近足端刻划莲瓣纹。口径21、足径7.6、高7.8厘米（图3-40）。

图3-40　青瓷碗
（现藏于漳州市博物馆）

　　青瓷碗，侈口，斜弧腹，圈足，足端斜削。灰白胎，胎质较疏松。器施青釉。外施釉至足墙，部分流釉至足端，外底露胎。内壁腹部刻划莲花纹，内底单圈，模印折枝花卉纹，外壁上腹刻变体回纹，中部刻划一圈弦纹，近足端刻划莲瓣纹。口径19.5、足径7.4、高7.8厘米（图3-41）。

图3-41　青瓷碗

（现藏于漳州市博物馆）

青瓷碗，侈口，斜弧腹，圈足，足端斜削。灰白胎，胎质较疏松。器施青釉，釉色不匀。外施釉至足墙，部分流釉至足端，外底露胎。内壁腹部刻划莲花纹，内底单圈，模印折枝花卉纹，外壁上腹刻变体回纹，中部刻划三圈弦纹，近足端刻划莲瓣纹。口径20.5、足径7.5、高8.3厘米（图3-42）。

图3-42 青瓷碗
（现藏于漳州市博物馆）

青瓷碗，侈口，斜弧腹，圈足，足端斜削。灰白胎，胎质较疏松。器施青釉，釉色不匀。外施釉至足墙，部分流釉至足端，外底露胎。内壁腹部刻划莲花纹，内底单圈，模印折枝花卉纹，外壁上腹刻变体回纹，中部刻划两圈弦纹，近足端刻划莲瓣纹。口径20、足径7.7、高7.8厘米（图3-43）。

图3-43　青瓷碗

（现藏于漳州市博物馆）

青瓷碗，侈口，斜弧腹，圈足，足端斜削。灰白胎，胎质较疏松。器施青釉，釉色呈黄褐色。外施釉至足墙，部分流釉至足端，外底露胎。内壁腹部刻划莲花纹，内底单圈，模印折枝花卉纹，外壁上腹刻变体回纹，中部刻划两圈弦纹。口径19.9、足径7.7、高7.3厘米（图3-44）。

图3-44 青瓷碗

（现藏于漳州市博物馆）

青瓷碗，侈口，斜弧腹，圈足，足端斜削。灰白胎，胎质较疏松。器施青釉，釉色不匀。外施釉至足墙，部分流釉至足端，外底露胎。内壁腹部刻划莲花纹，内底单圈，模印折枝花卉纹，外壁上腹刻变体回纹，中部刻划一圈弦纹，近足端刻划莲瓣纹。口径20.7、足径7.8、高8.3厘米（图3-45）。

图3-45　青瓷碗
（现藏于漳州市博物馆）

青瓷碗，侈口，斜弧腹，圈足，足端斜削。灰白胎，胎质较疏松。器施青釉，釉色呈黄褐色。外施釉至足墙，部分流釉至足端，外底露胎。内壁腹部刻划莲花纹，内底单圈，模印折枝花卉纹，外壁上腹刻变体回纹，中部刻划两圈弦纹，近足端刻划莲瓣纹。口径19.9、足径7.7、高7.8厘米（图3-46）。

图3-46　青瓷碗
（现藏于漳州市博物馆）

青瓷碗，侈口，斜弧腹，圈足，足端斜削。灰白胎，胎质较疏松。器施青釉，釉色呈黄褐色。外施釉至足墙，部分流釉至足端，外底露胎。内壁腹部刻划莲花纹，内底模印折枝花卉纹，外壁上腹刻变体回纹，中部刻划一圈弦纹。口径20.7、足径7.4、高7.2厘米（图3-47）。

图3-47　青瓷碗
（现藏于漳州市博物馆）

青瓷碗，侈口，斜弧腹，圈足，足端斜削。灰白胎，胎质较疏松。器施青釉，釉色呈黄褐色。外施釉至足墙，部分流釉至足端，外底露胎。内壁腹部刻划莲花纹，内底单圈，模印折枝花卉纹，外壁上腹刻变体回纹，中部刻划两圈弦纹，近足端刻划莲瓣纹。口径20.2、足径7.7、高7.6厘米（图3-48）。

图3-48　青瓷碗

（现藏于漳州市博物馆）

青瓷碗，侈口，斜弧腹，圈足，足端斜削。灰白胎，胎质较疏松。器施青釉。外施釉至足墙，部分流釉至足端，外底露胎。内壁腹部刻划莲花纹，内底单圈，模印折枝花卉纹，外壁上腹刻变体回纹。口径19、足径6.8、高7.7厘米（图3-49）。

图3-49 青瓷碗
（现藏于漳州市博物馆）

青瓷碗，侈口，斜弧腹，圈足，足端斜削。灰白胎，胎质较疏松。器施青釉。外施釉至足墙，部分流釉至足端，外底露胎。内壁腹部刻划莲花纹，内底单圈，模印折枝花卉纹，外壁上腹刻变体回纹，中部刻划两圈弦纹，近足端刻划莲瓣纹。口径18.9、足径7.1、高7.4厘米（图3-50）。

图3-50　青瓷碗
（现藏于漳州市博物馆）

　　青瓷碗，葵口外侈，下腹弧收，圈足，足端斜削。灰白胎，胎质较致密。器施青釉，釉色泛青白。内施满釉，外施釉至足墙，外底露胎。内腹部模印花卉纹，其上接一圈草叶纹，内底模印花卉纹，外上腹刻四道弦纹，其下刻划变形菊瓣纹。外腹胎壁轮旋痕较为明显（图3-51）。

图3-51　青瓷碗
（现藏于漳浦县博物馆）

青瓷碗，葵口外侈，下腹弧收，圈足，足端斜削。灰白胎，胎质较致密。器施青釉，釉色泛青白。内施满釉，外施釉至足墙，外底露胎。内腹部模印四季花卉纹，其上接一圈草叶纹，内底模印花卉纹，外壁口沿下刻划四道弦纹。外腹胎壁轮旋痕较为明显（图3-52）。

图3-52　青瓷碗
（现藏于漳浦县博物馆）

　　青瓷碗，葵口外侈，下腹弧收，圈足，足端斜削。灰白胎，胎质较致密。器施青釉，釉色泛青白。内施满釉，外施釉至足墙，外底露胎。内腹部模印四季花卉纹，其上接一圈草叶纹，内底模印花卉纹，外上腹刻四道弦纹，其下刻划变形菊瓣纹。外腹胎壁轮旋痕较为明显（图3-53）。

图3-53　青瓷碗

（现藏于漳浦县博物馆）

　　青瓷碗，葵口外侈，下腹弧收，圈足，足端斜削。灰白胎，胎质较致密。器施青釉，釉色泛青白。内施满釉，外施釉至足墙，外底露胎。内腹部模印四季花卉纹，其上接一圈草叶纹，内底模印花卉纹，外上腹刻四道弦纹，其下刻划变形菊瓣纹。外腹胎壁轮旋痕较为明显（图3-54）。

图3-54　青瓷碗
（现藏于漳浦县博物馆）

　　青瓷碗，葵口外侈，下腹弧收，圈足，足端斜削。灰白胎，胎质较致密。器施青釉，釉色泛青白。内施满釉，外施釉至足墙，外底露胎。内腹部模印花卉纹，内底模印花卉纹，外上腹刻两道弦纹（图3-55）。

图3-55　青瓷碗
（现藏于漳浦县博物馆）

青瓷碗，侈口，斜弧腹，圈足，足端斜削。灰白胎，胎质较疏松。器施青釉。外施釉至足墙，部分流釉至足端，外底露胎。内壁腹部刻划水波纹，内底单圈，模印折枝花卉纹，外壁上腹刻变体回纹，近足端刻划莲瓣纹（图3-56）。

图3-56　青瓷碗

（现藏于漳浦县博物馆）

青瓷碗，侈口，斜弧腹，圈足，足端斜削。灰白胎，胎质较疏松。器施青釉。外施釉至足墙，部分流釉至足端，外底露胎。内壁腹部刻划水波纹，内底单圈，模印折枝花卉纹，外壁上腹刻变体回纹，近足端刻划莲瓣纹（图3-57）。

图3-57　青瓷碗

（现藏于漳浦县博物馆）

青瓷碗，侈口，斜弧腹，圈足，足端斜削。灰白胎，胎质较疏松。器施青釉。外施釉至足墙，部分流釉至足端，外底露胎。内壁腹部刻划水波纹，内底单圈，模印折枝花卉纹，外壁上腹刻变体回纹，中部刻划一圈弦纹，近足端刻划莲瓣纹（图3-58）。

图3-58 青瓷碗

（现藏于漳浦县博物馆）

青瓷碗，侈口，斜弧腹，圈足，足端斜削。灰白胎，胎质较疏松。器施青釉。外施釉至足墙，部分流釉至足端，外底露胎。内壁腹部刻划水波纹（图3-59）。

图3-59　青瓷碗
（现藏于漳浦县博物馆）

青瓷碗，侈口，斜弧腹，圈足，足端斜削。灰白胎，胎质较疏松。器施青釉。外施釉至足墙，部分流釉至足端，外底露胎。内壁腹部刻划水波纹，内底单圈，外壁口沿下刻划五圈弦纹（图3-60）。

图3-60　青瓷碗
（现藏于漳浦县博物馆）

青瓷碗，侈口，斜弧腹，圈足，足端斜削。灰白胎，胎质较疏松。器施青釉。外施釉至足墙，部分流釉至足端，外底露胎。内壁腹部刻划水波纹，内底单圈，外壁口沿下刻划五圈弦纹（图3-61）。

图3-61 青瓷碗

（现藏于漳浦县博物馆）

青瓷碗，侈口，斜弧腹，圈足，足端斜削。灰白胎，胎质较疏松。器施青釉。外施釉至足墙，部分流釉至足端，外底露胎。内壁上、中、下部各刻划一周弦纹，内底模印折枝花卉纹（图3-62）。

图3-62 青瓷碗
（现藏于漳浦县博物馆）

　　青瓷碗，侈口，斜弧腹，圈足，足端斜削。灰白胎，胎质较疏松。器施青釉。外施釉至足墙，部分流釉至足端，外底露胎。内底单圈，模印折枝花卉纹，外壁口沿下刻划五圈弦纹（图3-63）。

图3-63　青瓷碗

（现藏于漳浦县博物馆）

青瓷碗，侈口，斜弧腹，圈足，足端斜削。灰白胎，胎质较疏松。器施青釉。外施釉至足墙，部分流釉至足端，外底露胎。内壁腹部模印四季花卉纹，内底模印花卉纹（图3-64）。

图3-64 青瓷碗
（现藏于漳浦县博物馆）

　　青瓷碗，侈口，斜弧腹，圈足，足端斜削。灰白胎，胎质较疏松。器施青釉。外施釉至足墙，部分流釉至足端，外底露胎。内壁腹部模印飞凤纹（图3-65）。

图3-65　青瓷碗

（现藏于漳浦县博物馆）

青瓷碗，侈口，斜弧腹，圈足，足端斜削。灰白胎，胎质较疏松。器施青釉。外施釉至足墙，部分流釉至足端，外底露胎。内壁腹部刻划水波纹，内底单圈，刻划折枝莲（图3-66）。

图3-66　青瓷碗
（现藏于漳浦县博物馆）

青瓷碗，侈口，斜弧腹，圈足，足端斜削。灰白胎，胎质较疏松。器施青釉，釉色呈黄褐色。外施釉至足墙，部分流釉至足端，外底露胎。内底单圈，模印折枝花卉纹（图3-67）。

图3-67　青瓷碗
（现藏于漳浦县博物馆）

青瓷碗，侈口，斜弧腹，圈足，足端斜削。灰白胎，胎质较疏松。器施青釉，釉色呈黄褐色。外施釉至足墙，部分流釉至足端，外底露胎。内底单圈（图3-68）。

图3-68　青瓷碗
（现藏于漳浦县博物馆）

　　青瓷碗，侈口，斜弧腹，圈足，足端斜削。灰白胎，胎质较疏松。器施青釉，釉色泛黄。外施釉至足墙，部分流釉至足端，外底露胎。内壁腹部刻划水波纹，内底模印折枝花卉纹，外壁口沿下刻划四圈弦纹（图3-69）。

图3-69　青瓷碗
（现藏于漳浦县博物馆）

青瓷碗，侈口，斜弧腹，圈足，足端斜削。灰白胎，胎质较疏松。器施青釉。外施釉至足墙，部分流釉至足端，外底露胎。内壁腹部刻划水波纹，内底单圈（图3-70）。

图3-70　青瓷碗
（现藏于漳浦县博物馆）

　　青瓷碗，侈口，斜弧腹，圈足，足端斜削。灰白胎，胎质较疏松。器施青釉。外施釉至足墙，部分流釉至足端，外底露胎。内壁腹部刻划水波纹，内底单圈，外壁上部刻划变体回纹（图3-71）。

图3-71　青瓷碗
（现藏于漳浦县博物馆）

青瓷碗，侈口，斜弧腹，圈足，足端斜削。灰白胎，胎质较疏松。器施青釉，釉色泛黄。外施釉至足墙，部分流釉至足端，外底露胎。内壁腹部刻划莲花纹，内底单圈，外壁上部刻划变体回纹，中部刻划一圈弦纹（图3-72）。

图3-72 青瓷碗
（现藏于漳浦县博物馆）

　　青瓷碗，侈口，斜弧腹，圈足，足端斜削。灰白胎，胎质较疏松。器施青釉。外施釉至足墙，部分流釉至足端，外底露胎。内底单圈，外壁上部刻划变体回纹，下部刻划一圈弦纹、莲瓣纹（图3-73）。

图3-73　青瓷碗
（现藏于漳浦县博物馆）

2. 盘

　　青瓷盘，侈口，斜弧腹，圈足。灰胎，胎质致密。器施青釉，釉色泛青绿，有冰裂纹。内满釉，外施釉至足部，部分流釉至圈足内。内底模印花纹，外壁口沿下刻划两圈弦纹（图3-74）。

图3-74　青瓷盘
（现藏于漳浦县博物馆）

青瓷盘，侈口，斜弧腹，圈足。灰胎，胎质致密。器施青釉，釉色泛青绿，有冰裂纹。内满釉，外施釉至足部，部分流釉至圈足内。内底模印花卉纹，外壁口沿下刻划两圈弦纹（图3-75）。

图3-75　青瓷盘
（现藏于漳浦县博物馆）

青瓷盘，侈口，斜弧腹，圈足。灰胎，胎质致密。器施青釉，釉色泛青绿，有冰裂纹。内满釉，外施釉至足部，部分流釉至圈足内。内底模印花卉纹，外壁口沿下刻划两圈弦纹（图3-76）。

图3-76　青瓷盘

（现藏于漳浦县博物馆）

青瓷盘，侈口，斜弧腹，圈足。灰胎，胎质致密。器施青釉，釉色泛青绿，有冰裂纹。内满釉，外施釉至足部，部分流釉至圈足内。内壁腹部上下各单圈，内底模印花卉纹，外壁口沿下刻划四圈弦纹（图3-77）。

图3-77　青瓷盘
（现藏于漳浦县博物馆）

　　青瓷盘，侈口，斜弧腹，圈足。灰胎，胎质致密。器施青釉，釉色呈黄褐色，有冰裂纹。内满釉，外施釉至足部，部分流釉至圈足内。内底模印花卉纹，外壁口沿下刻划两圈弦纹（图3-78）。

图3-78　青瓷盘
（现藏于漳浦县博物馆）

青瓷盘，侈口，斜弧腹，圈足。灰胎，胎质致密。器施青釉，釉色不匀，呈黄褐色，有冰裂纹。内满釉，外施釉至足部，部分流釉至圈足内。内底模印花卉纹，外壁口沿下刻划两圈弦纹（图3-79）。

图3-79 青瓷盘

（现藏于漳浦县博物馆）

青瓷盘，侈口，斜弧腹，圈足。灰胎，胎质致密。器施青釉，釉色呈黄褐色，有冰裂纹。内满釉，外施釉至足部，部分流釉至圈足内。内壁腹部刻划纹饰，内底单圈（图3-80）。

图3-80　青瓷盘

（现藏于漳浦县博物馆）

青瓷盘，葵口外侈，弧腹，圈足，足端斜削。灰白胎，胎质较疏松。器施青釉，釉色泛黄。内施满釉，外施釉至足，外底露胎。内腹部模印四季花卉纹，其上接一圈草叶纹，内底模印三叶花卉纹，外壁刻划变体莲瓣纹（图3-81）。

图3-81　青瓷盘
（现藏于漳浦县博物馆）

3. 洗

青瓷洗，圆唇，撇口，宽折沿，斜弧腹，矮圈足，足端斜削。灰白胎，胎体淘洗不精。施青釉，釉色呈黄褐色，内施满釉，外施釉至圈足，部分流釉至圈足内。外壁刻划莲瓣纹（图3-82）。

图3-82　青瓷洗
（现藏于漳浦县博物馆）

青瓷洗，圆唇，撇口，宽折沿，斜弧腹，矮圈足，足端斜削。灰白胎，胎体淘洗不精。施青釉，釉色呈黄褐色，内施满釉，外施釉至圈足，部分流釉至圈足内。内底模印双鱼纹，外壁刻划莲瓣纹（图3-83）。

图3-83　青瓷洗
（现藏于漳浦县博物馆）

4. 碟

青瓷碟，敞口微敛，浅腹略鼓，内底宽平，圈足。灰白胎，胎质疏松。器施青釉。内壁满釉，内底心刮釉露胎，露胎处模印花卉纹，外施釉至圈足（图3-84）。

图3-84　青瓷碟
（现藏于漳浦县博物馆）

青瓷碟，敞口微敛，浅斜弧腹，内底宽平，宽圈足，外足端斜削。灰白胎，胎质较致密。器施青釉，釉色泛青灰。内施满釉，外施釉至足端，釉面布有开片。内底印折枝花卉纹（图3-85）。

图3-85　青瓷碟

（现藏于漳浦县博物馆）

青瓷碟，宽折沿，斜弧腹，下腹平收，圈足，外底内足墙弧收。灰白胎，胎质致密。器施青釉，釉色呈黄褐色。内施满釉，外施釉至足墙，外底露胎。内底印双鱼纹（图3-86）。

图3-86　青瓷碟
（现藏于漳浦县博物馆）

青瓷碟，宽折沿，斜弧腹，下腹平收，圈足，外底内足墙弧收。灰白胎，胎质致密。器施青釉。内施满釉，内底心刮釉露胎。外施釉至足墙，外底露胎（图3-87）。

图3-87　青瓷碟

（现藏于漳浦县博物馆）

5. 盏

青瓷盏，敞口微敛，斜弧腹，小圈足。内底下凹，外底心乳突。灰白胎，胎质致密。施青釉，釉色呈黄褐色。内满釉，外施釉至圈足，釉面开冰裂纹（图3-88）。

图3-88 青瓷盏
（现藏于漳浦县博物馆）

青瓷盏，敞口微敛，斜弧腹，小圈足。内底下凹，外底心乳突。灰白胎，胎质致密。施青釉。内满釉，外施釉至圈足，釉面开冰裂纹（图3-89）。

图3-89　青瓷盏
（现藏于漳浦县博物馆）

青瓷盏，敞口微敛，斜弧腹，小圈足。内底下凹，外底心乳突。灰白胎，胎质致密。施青釉，釉色呈黄褐色。内满釉，外施釉至圈足，釉面开冰裂纹（图3-90）。

图3-90　青瓷盏
（现藏于漳浦县博物馆）

6. 钵

　　青瓷钵，敞口，浅斜腹略直，下腹折收，卧足。灰白胎，胎质致密。器施青釉，釉色泛青白。内满釉，外施釉至足内，外底心露胎。素面（图3-91）。

图3-91　青瓷钵
（现藏于漳浦县博物馆）

7. 炉

青瓷炉，敛口内折，平沿，至底端折而斜直内收，小圈足，外底心乳突。灰白胎，胎质较致密。器施青釉，釉色泛青白，内施釉至中下腹，内底露胎，外施釉至足。外腹部饰三周弦纹。外下腹转折处贴塑三个蹄形足，足底凌空（图3-92）。

图3-92　青瓷炉
（现藏于漳浦县博物馆）

青瓷炉，敛口内折，平沿，至底端折而斜直内收，小圈足，外底心乳突。灰白胎，胎质较致密。器施青釉，釉色泛青白，内施釉至中下腹，内底露胎，外施釉至足。外腹部饰三周弦纹。外下腹转折处贴塑三个蹄形足，足底凌空（图3-93）。

图3-93　青瓷炉

（现藏于漳浦县博物馆）

8. 高足杯

　　青瓷高足杯，侈口，斜弧腹，喇叭形高圈足，足端斜削。灰胎，胎质致密。器施青釉，釉色泛青绿。内外满釉，仅足端刮釉露胎。内壁下腹部刻一圈弦纹，外壁上腹刻变体回纹，外下腹刻三圈弦纹（图3-94）。

　　青瓷高足杯，侈口，斜弧腹，喇叭形高圈足，足端斜削。灰胎，胎质致密。器施青釉，釉色泛青绿。内外满釉，仅足端刮釉露胎。内壁下腹部刻一圈弦纹，模印折枝花卉纹，外壁上腹刻变体回纹，下腹部刻莲瓣纹（图3-95）。

图3-94　青瓷高足杯
（现藏于漳浦县博物馆）

图3-95　青瓷高足杯
（现藏于漳浦县博物馆）

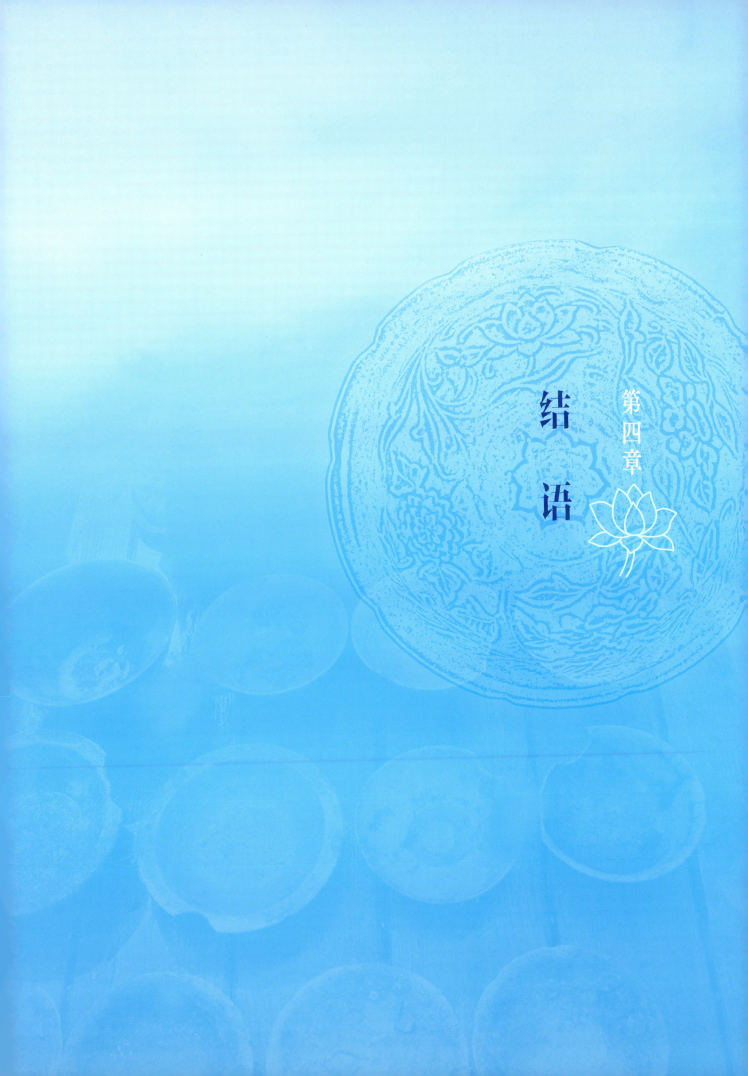

第四章

结 语

水下文化遗产是一定历史时期的人群在一定物质文化环境下根据当时的社会生产力进行社会实践的物质遗存，蕴含了所处历史时期的社会政治、经济、文化、军事、科技和宗教信仰等方面的基因，可以反映当时的社会生产力发展水平，是人类认识自身发展历史的重要物质载体之一。同时，由于水下文化遗产独特的埋藏环境——大多位于水下，很少与外界接触，因而其遭受的人为干扰少，保存相对比较完整，其保存的历史信息也就更加丰富。我国是历史悠久的文明古国，不仅有广袤的陆地疆土，还拥有绵长的海岸线和辽阔的海洋国土、丰富的内陆水域。在漫长的历史发展进程中，我们的先民不仅创造了辉煌的陆地黄土文明，还有灿烂的海洋蓝色文明，在我国管辖水域内遗留下了数量众多、类型丰富、价值巨大的水下文化遗产。这些水下文化遗产作为我国文化遗产的重要组成部分，是中华民族勤劳智慧和非凡创造力的结晶，是传承和弘扬中华优秀文化的重要载体，也是国家文化软实力的重要资源。

水下文化遗产具有十分重要的价值，其价值的阐释与实现不但需要专业的水下考古调查、发掘，也需要开展积极有效的水下文化遗产保护、研究。

水下考古学是当今人们走近、认识、解读、阐释这些海洋文化遗产最为重要的手段，是考古学在水下的延伸，专门研究淹没于水下的人类文化遗存，即水下文化遗产。水下考古工作一般包括水下考古调查、发掘、保护和研究等内容。通常认为，近代水下考古学形成于1960年，并于20世纪80年代末被引入我国。30多年来，我国水下考古工作者先后在渤海、黄海、东海和南海以及内陆水域发现和确认241处不同类型的水下文化遗产（不含港澳台数据），并组织实施了白礁一号宋代沉船、南海一号宋代沉船、华光礁一号宋代沉船、绥中三道岗元代沉船、漳州圣杯屿元代沉船、南澳一号明代沉船、碗礁一号清代沉船、小白礁一号清代沉船、长江口二号清代沉船等多项重大水下考古发掘项目，为更加全面地了解和阐释中国古代文明提供了新的材料。

水下文化遗产有明显的不可再生性，一旦被破坏，便不可恢复。20世纪40年代以来，随着水肺潜水技术和海洋探测技术的迅速发展，在近代水下考古学逐渐形成的同时，受经济利益驱使,国外水下捞宝活动也变得更加猖獗,并于80年代蔓延到中国南海,导致大量中国水下沉船遗址遭受非法盗捞和破坏。为了应对这一局面,20世纪80年代末,国家文物行政主管部门积极组建水下考古机构、培养专业水下考古人才、大力推动我国水下考古事业发展,同时,国务院于1989年颁布实施了《中华人民共和国水下文物保护管理条例》,为水下文物的管理和保护提供法律依据。但是,由于水下文化遗产所在的位置大部分位于内陆水域和海上,早期我国水面、水下监控技术水平较弱,安全监管困难,单独依靠文物部门很难开展有效保护。近些年来,尤其是"十一五"期间,我国水下文化遗产保护工作已从单纯的水下考古调查、重要沉船发掘发展为全方位的水下文化遗产保护,并且从单一部门主导发展为多部门积极协作。与此同时,经过多年努力,联合国教科文组织于2001年11月2日在第31届大会上正式通过了《保护水下文化遗产公约》。这是世界范围内通过的第一个关于保护水下文化遗产的国际性公约,其所倡导的打击商业盗捞、原址保护等原则得到了国际社会的广泛认可。漳州市政府及相关政府职能部门高度重视水下文化遗产的保护工作,积极开展辖区内水下文化遗产保护执法行动和普法活动,探索水下遗址原址安全监控试点,并取得了丰硕成果。漳州圣杯屿元代沉船遗址的调查与保护工作即是其中之一。

2022年1月23日时任国务院总理李克强签署国务院令,公布了修订后的《中华人民共和国水下文物保护管理条例》。现行《条例》更加重视水下文化遗产保护,首次提出任何单位和个人都有依法保护水下文物的义务,进一步细化水下文物保护区设置流程,明确涉水大型基本建设工程也必须依法开展水下考古调查、勘探,并更加强调水下文化遗产的宣传教育作用。总体来说,现行《条例》内容更明确,要求更具体,制度更完善,针对性和操作性更强,为我国水下文物保护管理工作提供了更加坚实的法律保障。

漳州圣杯屿元代沉船遗址的调查与保护工作体现了我国水下考古工作从单一的水下考古到全方位水下文化遗产保护理念的过渡,是我国水下文化遗产保护发展历程的真实见证,对我国水下文化遗产保护事业的发展具有重要的参考价值。

中文提要

漳州圣杯屿元代沉船遗址位于福建省漳州市古雷港经济开发区古雷半岛东侧圣杯屿海域。2010年10月因台风鲇鱼过境而被发现，2014年首次开展水下考古调查，发现沉船遗址具体位置，并采集了110件出水文物。2016年进行了第二次水下考古调查，虽然没有发现沉船船体，但是在北区和相距近70米的南区共采集了58件出水文物。出水的文物皆为龙泉青瓷，器型有各式大碗、碗、盘、小盘、碟、盏、钵和高足杯等，其器物装饰方法包括刻划和模印，纹饰图案有花卉、水波、双鱼等，还存在生烧、变形的现象。根据与龙泉窑考古发掘出土文物以及相关国内外沉船、港口出水、出土的同类遗物进行比较、分析，初步认为漳州圣杯屿元代沉船遗址出水的瓷器为外销商品，产自龙泉东区，年代为元代晚期。推测该沉船是从温州港出发，向南航行前往东南亚的贸易商船。漳州圣杯屿元代沉船遗址的发现和调查，为研究元代海上丝绸之路、中国古代造船史、海外交通史以及贸易陶瓷史提供了重要的实物资料。

水下遗址的保护难度要远远大于陆地遗址。漳州市政府及相关政府职能部门高度重视水下文物的保护工作，积极开展辖区内水下文物保护执法行动，并取得丰硕成果。2011、2020年两次主动出击，破获漳州圣杯屿元代沉船遗址盗捞案件，抓捕犯罪嫌疑人数十名，切实打击了盗捞分子的嚣张气焰，起到了震慑作用，同时，缴获出水文物1644件，其中三级文物达189件，对漳州圣杯屿沉船遗址的保护起到了重要作用。

Abstract

The Shengbeiyu shipwreck site is located in the sea area of Shengbei Island, east of Gulei Peninsula, Gulei Port Economic Development Zone, Zhangzhou City, Fujian Province. It was discovered in October 2010 after the Typhoon Megi passed. The first underwater archaeological survey was conducted in 2014. The exact location of the shipwreck site was found and 110 artifacts were collected. The second survey was conducted in 2016. Although in this investigation the hull was not found, a total of 58 artifacts were collected from the northern and southern sections, which was about 70 meters apart. The relics collected are all celadons from Longquan kiln, and the types are relatively single, including large bowls, plates, small plates, dishes, small cups, flat-bottomed bowls and stemmed cups. The decoration methods of its utensils include carving and printing, and the decorative patterns are flowers, water waves, double fish, etc., and there are also phenomena of raw burning and deformation. According to the comparison and analysis with the archaeological relics unearthed in Longquan kiln and similar relics from the shipwrecks and ports at home and abroad, it is inferred that the porcelain from the wreck are export commodity, produced by Longquan East kilns and dated to the late Yuan Dynasty. The wreck is believed to have been a merchant ship sailing south from Wenzhou port to Southeast Asia. The discovery and investigation of the wreck site provides rich material data for the study of underwater archaeology in China, the archaeology of the Maritime Silk Road, the history of ancient shipbuilding, the overseas transportation and ceramic trading as well as the porcelain of Yuan Longquan kiln.

The protection of underwater sites is much more difficult than that of land sites. Zhangzhou Municipal Government and relevant government functional departments attach great importance to the protection of underwater cultural relics, actively carry out underwater cultural relics protection law enforcement within the jurisdiction, and have achieved fruitful results. In 2011 and 2020, they took the initiative to crack the case of stealing the Shengbeiyu shipwreck, arrested dozens of criminal suspects, and effectively cracked down and detered on the arrogance of the thieves. At the same time, 1644 cultural relics were seized, including 189 third-grade cultural relics. It has played an important role in protecting the Shengbeiyu shipwreck in Zhangzhou.

后 记

　　《大元遗帆——漳州圣杯屿沉船调查与保护（2010—2020）》是2021年国家文物局考古研究中心"漳州圣杯屿沉船遗址综合研究"的课题成果之一。本书的编著、出版是在国家文物局、福建省文物局的关心、指导下，由国家文物局考古研究中心主持和组织，福建省考古研究院、漳州市文物保护中心、漳州市博物馆、漳浦县博物馆等单位的大力协助和支持下完成的，其中也离不开全体水下考古队员的通力合作和辛苦付出。

　　全书由梁国庆、阮永好、李海梅和陈浩共同主编。出水文物照片由福建省考古研究院、漳州市文物保护中心和漳州市博物馆提供，全书由梁国庆、阮永好统稿。

　　长期以来，漳州水下文化遗产保护工作得到了国家文物局、国家文物局考古研究中心、中国文化遗产研究院（国家水下文化遗产保护中心）、福建省文物局、福建省考古研究院和福建博物院等各单位领导的大力支持。漳州市委、市政府积极协调漳州军分区、漳州市公安边防支队、漳州海事局、漳州市海洋与渔业局等相关政府职能部门加大海上执法力度，同时，漳州市文物保护部门积极利用多种渠道开展普法教育宣传，并与国家科研机构探索水下文化遗产原址保护的安全监控技术体系，为漳州市水下文化遗产保护工作创造了良好氛围，并取得了可喜成果。

　　2014、2016年度漳州海域水下考古专题调查工作的顺利开展离不开全国各兄弟单位的大力支持，水下考古队员们的无私奉献、无惧风雨最终促成了漳州圣杯屿水下考古重点调查、发掘工作的顺利实施。尤其是羊泽林、丁见祥两位领队为本书的编写提供了基础资料，在此一并表示衷心的感谢！

　　书稿付梓之际，再次衷心感谢所有默默关心、支持、帮助漳州圣杯屿沉船遗址水下考古调查与报告出版工作的所有单位及个人！编者学术水平有限，疏漏在所难免，敬请方家斧正。

编　者

2023年8月